음악으로
먹고살기

음악으로
먹고살기

박성배 지음

1458music

들어가며

　음악은 정말 먹고살기 힘든 직업일까요? 사실 음악 분야가 아닌 다른 일반적인 직업군에서도 먹고사는 일은 그리 간단한 문제가 아닙니다. 하지만 음악 분야로 한정 지어 생각할 때, 먹고살기 힘들다는 표현은 내가 할 수 있는 일이 무엇인지 잘 모르겠다는 의미와 비슷하게 사용되는 것 같습니다. 가령 자신은 대학 시절 열심히 기타 연주를 배웠는데 막상 졸업하고 나니 기타 연주자로 돈을 벌 기회를 좀처럼 찾기 어려운 것처럼 말이죠.

　저는 정규 대학 과정을 한 번에 마치지 못했습니다. 음악을 정말 하고 싶었지만, 부모님의 반대가 너무 심해서 호서대학교를 일 년만 다니고 자퇴할 수밖에 없었습니다. 그 일 년도 짬짬이 스스로 돈을 벌어 겨우 등록했었는데, 자퇴서를 쓰고 돌아오던 날 내 편은 아무도 없는 것 같다는 생각에 창피한 줄도 모르고 버스에서 펑펑 울었던 기억이 납니다. 그만큼 저는 음악이 간절했습니다.

　20년이 지난 지금 생각해 보면 오히려 그때 사건이 제가 지금까지 직업 음악인으로 살아갈 수 있는 계기가 된 것 같습니다. 당장 학교에 다닐 수 없었기에 음악으로 할 수 있는 일이라면 가리지 않고 열심히 했습니다. 그냥 음악을 할 수 있는 것이 즐거웠기 때문이죠. 덕분에 기타 전공이었던 저는 세션뿐만 아니라 작곡이나 미디 작업, 녹음, CCM 기획 등 다양한 음악 직업들을 경험할 수 있었습니다. 음악 공부도 계속 이어 나갔습니다. 폭넓은 공부를 해보자는 마음으로 학부는 기타를 전공하고 석사는 컴퓨터 음악을, 박사는 문화예술학을 선택했습니다. 지금 저는 대학교 학과장으로 강의를 하고 있습니다. 세션맨으로도 활동하고요. 사업적으로는 광고 음악을 만들고 녹음실도 운영합니다. 사실 제가 했거나 하고 있는 음악과 관련된 직업을 말하자면 이보다 훨씬 여러 가지가 있습니다. 저는 실력이 뛰어난 뮤지션이 되지는 못했지만 제가 그렇게 하고 싶었던 음악으로 수입을 올리며 즐겁게 일하고 있습니다.

음악은 결국 하나로 통합니다. 노래를 하건, 작곡을 하건, 연주를 하건 결국 하나로 다시 만나 하모니를 이룹니다. 각자가 시작하는 분야는 다르더라도 나중에는 어디선가 만나게 되는 거죠. 그래서 다양한 각도에서 음악을 바라보는 자세가 굉장히 중요합니다. 직업을 고민할 때도 마찬가지입니다. 조금만 눈을 돌려도 음악으로 할 수 있는 다양한 직업을 발견할 수 있을 겁니다. 물론 한 우물만 파서 성공하는 사람들도 있지만 진로로 인해 현실적인 문제에 부딪혔을 때 다른 길을 생각하지 못하고 음악 자체를 그만두는 일은 없었으면 좋겠습니다.

개정판이 나오기까지 감사한 분들이 많습니다. 세종사이버대학교 총장님과 교수님들, 콘텐츠창작학부 유튜버학과의 학우 여러분, 저를 박사로 만들어주신 남상문 교수님, 책을 쓸 수 있는 기회를 주신 1458music 양세진 대표님, 사랑하는 가족들, 저를 위해 늘 고생하는 아내에게 고마운 마음을 전합니다. 이 책이 음악 직업에 대한 시선을 넓히고 꿈을 찾아가는 여정에 도움이 되기를 바랍니다.

음악으로 행복한 인생을 바라며
박성배

목차

01

작곡으로 할 수 있는 일

01. 대중음악 작곡가
02. 트랙메이커 & 탑라이너
03. OST 작곡가
04. 게임 음악 작곡가
05. 광고 음악 작곡가

01. 대중음악 작곡가

대중음악 작곡가는 실용음악과 학생들이 선호하는 직업이다. 작곡 전공뿐만 아니라 가수나 악기 연주자도 인기 있는 대중가요를 작곡하는 경우가 많다. 작곡가는 노래를 만드는 일뿐만 아니라 음악을 세일즈하는 능력도 필요하다. 성공에 따른 큰 성취감을 느낄 수 있고 안정적인 저작권 수입도 기대할 수 있다.

♫ 나는 대중음악 작곡가에 잘 어울리는 사람일까?

Check Point 트렌드, 음악 이론, PR, 구성 능력	매우 아니다	아니다	보통 이다	그렇다	매우 그렇다
평상시에 머릿속에서 멜로디가 계속 생각난다.	○	○	○	○	○
피아노와 기타 같은 반주 악기를 잘 다룬다.	○	○	○	○	○
기성곡을 들을 때 다른 편곡도 생각난다.	○	○	○	○	○
음악을 듣고 악기 구성을 얘기할 수 있다.	○	○	○	○	○
로직, 큐베이스 같은 시퀀서를 잘 다룬다.	○	○	○	○	○
창의성과 음악 센스가 좋은 편이다.	○	○	○	○	○
자신을 PR하는 일에 익숙하다.	○	○	○	○	○
트렌드와 유행에 민감한 편이다.	○	○	○	○	○
다른 사람들과 협력하는 일을 좋아한다.	○	○	○	○	○

1. 대중음악 작곡가는 어떻게 일을 할까?

 대중음악 작곡가는 음악을 하는 사람이라면 한 번쯤 도전하는 분야이다. 꾸준히 음악 활동을 하다 보면 자신의 노래를 만들고 싶은 마음이 생기기 때문이다. 해마다 수많은 가수가 나오고, 그 가수들이 부를 노래도 필요하기 때문에 경쟁이 치열하지만 그만큼 수요도 많은 분야이다.

음악적 센스가 필요하다

대중음악 작곡가는 기본적으로 멜로디, 리듬, 화성을 기초로 자신의 영감을 노래로 만드는 직업이다. 예전에는 고급 화성학과 대위법 같은 음악 이론을 필수로 숙지해야 하고, 수준급의 피아노 연주 실력을 갖춘 사람들이 하는 일이라고 여겨졌지만, 지금은 음악 시퀀싱 프로그램의 발달로 누구나 작곡을 할 수 있는 시대가 되었다.

특히 대중음악 작곡가는 이론적 완성도뿐만 아니라 소위 말하는 음악 센스가 매우 좋아야 한다. 아이러니하게도 음악적으로 뛰어난 곡이라고 반드시 인기 있는 노래가 되지 않는다. 오히려 누구나 공감할 만한 아이디어가 녹아 있거나 톡톡 튀는 가사, 귀에 감기는 후크 등 작곡가의 센스가 잘 반영된 노래가 대중의 마음을 사로잡는 경우가 많다.

실제로 히트 작곡가들은 평소 음악 센스를 키우기 위해 많은 노력을 한다. 해외 차트의 노래를 꾸준히 분석하고, 다른 세대를 관찰하고, 악기 연주나 노래도 끊임없이 연습하는 경우가 많다.

직업적인 작업이 가능해야 한다

프로 작곡가로 활동하기 전에는 자신이 원하는 음악을 작업 시간에 구애 받지 않고 만들 수 있었지만, 프로로 활동하는 순간 상업 음악의 프레임 안에서 작업이 이루어진다. 즉, 대부분의 작업은 기한이 있다. 무작정 좋은 영감이 떠오를 때까지 기다릴 수 없다는 말이다. 또한 기획사에서 요청하는 장르와 콘셉트에 맞는 곡을 만들어야 한다. 다시 말하면 내가 하고 싶은 음악이 아니라 회사에서 원하는 음악을 만드는 일이 많아진다. 이렇기 때문에 프로 작곡가들은 평소에 늘 준비를 철저히 한다. 다양한 코드 진행을 만들어 놓기도 하고 여러 가지 멜로디 라인을 녹음해 두기도 한다. 히트 작곡가들의 경우 자신만의 다채로운 라이브러리(관련 데이터를 모아두는 작업)를 가지고 있는 경우가 많다.

팀으로도 가능하다

아이돌 노래의 경우 한 사람이 작곡하지 않고 여러 작곡가가 팀으로 작업하는 일이 많다. 이런 팀 작업은 최근 들어 작곡 트렌드가 되고 있다. 트랙을 공유하고 파트별로 작업할 때도 있고, 멜로디 라인과 편곡을 나눠 작업하기도 한다.

팀으로 작곡할 경우 한 노래 안에서 다채로운 느낌을 줄 수 있는 장점이 있다. 전체적인 곡 구성에는 약하지만, 비트를 잘 만들거나 멜로디 라인을 잘 뽑는다면 개인보다 팀으로 활동하는 것이 유리하다.

팀 작업으로 이뤄지는 작곡이 늘어나고 있다.
해외 뮤지션과 팀 작업을 하는 경우도 있다.

세일즈도 작곡가의 몫이다

인기 작곡가들은 여러 기획사에서 제작 의뢰를 받지만 그렇지 않은 경우 작곡가 자신이 만든 노래를 직접 세일즈 해야 한다. 실제로 작곡가로 데뷔한 계기를 물어보면 데모 CD를 갖고 무작정 기획사를 찾아간 얘기를 심심치 않게 들을 수 있다.(지금은 데모 음원을 메일로 보내는 일이 많다.) 기획사의 A&R(Artist and Repertoire) 팀에 곡을 보내는 것도 좋은 방법이다.

사실 곡을 판매하는 방법에는 정답이 없다. 작곡가로 데뷔하기까지는 여러 가지 우여곡절을 겪을 수 있고 때로는 무시를 당할 수도 있지만, 일단 일을 시작하면 자신의 곡을 홍보할 기회도 늘어난다.

2. 대중음악 작곡가, 이렇게 준비하자.

비판은 겸허하게

자신이 만든 노래라면 누구나 애착이 가기 마련이다. 그래서 다른 사람이 내가 만든 곡을 비판하면 기분이 쉽게 상한다. 하지만 가요를 만든다는 것은 '대중의 선택'이라는 냉철한 비판을 전제로 한다. 만든 곡이 있다면 음악 하는 선후배나 일반인 친구에게도 의견을 물어보자. 음악이 좋다면 어떤 부분이 괜찮은 건지, 별로라면 무엇이 문제인지 파악하고 나의 성향이 아니라 대중의 취향에 맞는 노래를 제작하는 노력이 필요하다. 다른 사람의 조언을 듣고 곡을 수정하다 보면 평소 자신이 만들지 못했던 새로운 느낌의 노래가 나오기도 한다.

음원의 퀄리티를 높이자

작곡가를 지망한다면 좋은 사운드를 만들 줄 알아야 한다. 시퀀싱 프로그램이 발달하지 않았던 시절에는 통기타나 피아노 반주에 맞춰 노래를 부르는 수준으로 가이드 녹음을 했

지만, 지금은 데모 음원도 거의 음반급 수준으로 제작되고 있다. 작곡한 노래를 기획사나 퍼블리싱 회사에 보내야 할 때 듣기 좋게 만들어 보내는 것이 유리하기 때문이다. 단, 곡을 잘 만드는 것이 작곡가의 본업이므로 작곡 연습과 믹싱 공부 시간을 잘 배분하자.

작은 기획사나 퍼블리싱 회사를 노려라

작은 기획사의 경우 대표가 직접 일 처리를 하는 경우가 많다. 따라서 SNS를 이용해서 소속사 대표와 접촉하는 것도 좋은 방법이다. 기획사 소식이 올라오면 관심을 보이고 댓글로 피드백을 주다 보면 의외의 순간에 나의 곡을 알릴 기회가 올 수 있다. 좋은 곡을 만들었으면 대표의 메일을 확인하고 노래를 보내는 노력도 필요하다. 간혹 실제 가요 제작을 하지 않으면서 앨범 기획사처럼 보이려는 회사도 있으니 주의해야 한다.

퍼블리싱 회사에 곡을 보내는 것도 좋은 방법이다. 퍼블리싱 회사는 여러 기획사에 데모곡을 세일즈 하는 중개 역할의 회사이다. 많은 데모곡을 필요로 하기 때문에 수시로 소속 작곡가를 모집한다. 주의할 점은 퍼블리싱 회사와 계약했더라도 내 곡이 기획사나 가수의 선택을 받아야 음원으로 출시되고 수익이 발생한다는 것이다. 계약 기간 동안은 회사와 저작권 수익도 나눠야 한다. 그럼에도 기획사에 곡을 보내는 것보다 현실적으로 빠른 작곡가 데뷔를 할 수 있다.

대중음악 작곡가! 이것이 궁금해요?!

Q1. 대중음악 작곡가의 수입은 어떻게 되나요?

작곡가의 주요 수입은 저작권료입니다. 따라서 히트곡에 따라 수입이 천차만별입니다. 인기 작곡가의 경우 작업비를 따로 받기도 하지만 그 금액이 아주 높은 편은 아닙니다. 저작권료는 저작권자 사후 70년까지 지급이 되기 때문에 오랫동안 사랑받는 노래를 만들었을 경우 지속적인 수입이 생깁니다. 편곡도 저작권이 인정되어 저작권료를 받을 수 있습니다. 저작권료로 한 해에 수억 원을 받는 작곡가도 있지만, 전업 작곡가가 되기까지는 여러 가지 다른 일을 병행하는 게 일반적입니다. 강의나 레슨, 사운드 디자인을 하기도 합니다. 어떤 일이든 되도록 음악과 관련된 업무를 계속하는 것이 좋습니다.

Q2. 작곡가 지망생입니다. 기획사에 노래를 보내고 있는데, 데모 버전이긴 하지만 제 곡을 아무런 담보 없이 보낸다는 점이 불안합니다. 데모곡도 법적인 보호를 받을 수 있나요?

실제 곡을 팔기 위해 음악을 보냈는데 아이디어만 참고하고 채택되지 않는 일이 발생할 수 있습니다. 이런 문제를 예방하기 위해 음반 전 상태의 곡이라도 법적인 보호를 받을 수 있는 제도가 있습니다. 기획사에 곡을 보내기 전 '한국저작권위원회'에 곡을 등록하면 보다 안전하게 서식된 보호를 받을 수 있습니다

Q3. 프리랜서 작곡가는 어떻게 세금을 내나요?

회사에 곡을 팔았다면 보통 계약 금액에서 3.3%(소득세 3%+지방 소득세 0.3%)의 원천징수를 제하고 작업비를 받습니다. 프리랜서는 매년 5월에 종합소득세를 신고해야 하므로 작업과 관련된 수입과 지출 증빙을 잘 정리해 두기 바랍니다.

**"내가 만든 노래를 통해 사람들이 추억에 잠기고
누군가를 생각할 때 작곡가의 매력을 느낍니다."**

대중음악 작곡가 인터뷰 | **로코베리**(코난)

---

1. 작곡가가 된 계기가 있으신가요?

처음에는 가수가 꿈이었습니다. 하지만 저를 발탁하신 김형석 작곡가님을 보면서 작곡가의 꿈을 갖게 되었습니다.

2. 작곡가가 되기 위해 어떤 준비를 하셨는지 궁금합니다.

여러 가지가 있지만 한 가지만 말씀드리면 피아노를 배웠습니다. 개인적으로는 MIDI와 피아노를 다루게 되면서부터 작곡을 위한 많은 것이 해결되었습니다.

3. 프로 작곡가로 활동하기 위해서는 일반적으로 어떤 과정을 거쳐야 하나요?

특별한 과정이 있다기보다 열심히 데모곡을 만들고, 회사를 찾아다녀야 한다고 생각합니다. 어느 날 갑자기 누군가가 자신의 곡이 좋다고 찾아와 주는 일은 거의 없습니다. 저도 어리고 아무것도 모를 때부터 무작정 기획사를 찾아가 데모곡을 넘겼답니다.

4. 좋은 작곡가가 되기 위해 가장 중요한 덕목은 무엇이라고 생각하나요?

성실해야 합니다. 의뢰받은 작업이 없을 때도 매일매일 곡을 쓰려고 노력하는 것이 가장 중요합니다. 성실하게 하루하루를 준비한 사람이 어느 순간 찾아온 기회를 살릴 수 있습니다.

5. 만드신 노래 중 가장 애착이 가는 곡과 이유를 알려주세요.

에일리의 '첫눈처럼 너에게 가겠다'입니다. 제가 만든 노래 중에 대중의 사랑을 가장 많이 받은 곡이어서 더욱 애착이 가는 것 같습니다. 작업 중 많은 수정과 편곡이 있었고 멜로디 라인을 만들 때 정말 고생했지만 그만큼 더 애착이 갑니다.

6. 작곡가란 직업의 매력은 무엇인가요?

자신이 만든 노래를 통해서 사람들이 추억에 잠기고 누군가를 생각하고 여러 감정을 느끼는 것을 볼 때 정말 작곡가로서 보람을 느낍니다. 작곡가만이 경험할 수 있는 직업적 매력이라고 생각합니다.

7. 프로 작곡가로 활동할 때 가장 힘든 점은 무엇인가요?

프로로 활동하면 기한에 맞춰 곡을 만들어야 하는 일이 많아집니다. 직업이 아닐 때는 마음에 드는 결과가 나올 때까지 기한 없이 작업할 수 있지만, 직업 작곡가의 경우는 그렇지 않습니다. D-Day에 맞춰 창작해야 하는 일이 작곡가가 느끼는 가장 힘든 일이라고 생각합니다.

8. 작곡가를 꿈꾸는 학생들에게 조언 한마디 부탁드립니다.

정말 이 일 하나만 보고 달려가야 꿈을 이룰 수 있습니다. 호기롭게 시작했다가 여러 가지 현실적인 이유로 중도 포기하는 후배들을 종종 봅니다. 프로 작곡가가 꿈이라면 힘들어도 포기하지 말고 열심히, 성실하게 노력했으면 좋겠습니다. 분명히 대중에게 사랑받는 좋은 곡을 쓰는 날이 올 거라고 생각합니다.

로코베리(코난) 작곡가

로코베리 멤버(코난)
2006년 SBS 가요대전 작사가상
2006년 MKMF 작사가상
박효신, SG워너비, 다비치, 크러쉬, 에일리, 폴킴, 거미, 이석훈 외 다양한 아티스트의 노래에 작사와 작곡으로 참여

02. 트랙메이커 & 탑라이너

전통적인 음원 제작 방식은 작곡가가 노래의 멜로디와 진행 그리고 곡의 큰 뼈대를 스케치한 후, 편곡가에게 반주 제작을 요청하는 것이었다. 그런데 최근 들어 이런 전통적인 방식이 아닌 반주를 먼저 만들고 반주에 맞춰 멜로디를 짜는 작업 방식이 늘어나고 있다.

♬ 나는 트랙메이커에 잘 어울리는 사람일까?

Check Point 소통, 작곡 능력, 트렌디함	매우 아니다	아니다	보통 이다	그렇다	매우 그렇다
선곡할 때 멜로디보다 전체적인 느낌을 본다.	○	○	○	○	○
무에서 유를 창작하는 것이 좋다.	○	○	○	○	○
다른 사람들과 협업하는 것을 즐겨한다.	○	○	○	○	○
미디 프로그램을 잘 다룬다.	○	○	○	○	○
최신 유행하는 노래는 꼭 듣는 편이다.	○	○	○	○	○

♬ 나는 탑라이너에 잘 어울리는 사람일까?

Check Point 소통, 멜로디, 노래 실력	매우 아니다	아니다	보통 이다	그렇다	매우 그렇다
평소 새로운 멜로디를 잘 흥얼거린다.	○	○	○	○	○
노래 실력이 좋은 편이다.	○	○	○	○	○
다른 사람들과 협업하는 것을 즐겨한다.	○	○	○	○	○
미디 프로그램을 잘 다룬다.	○	○	○	○	○
코러스를 만들 수 있다.	○	○	○	○	○

※ 본 설문은 관련 종사자들의 의견으로 작성된 참고용 자료입니다. 해당 직업에 대한 절대적 기준이 아니며, 다른 의견도 있음을 알려드립니다.

매우 그렇다(5점) / 그렇다(4점) / 보통이다(3점) / 아니다(2점) / 매우 아니다(1점)

20-25점　당신을 위한 직업이군요.
15-19점　해당 분야에 재능이 있습니다.
10-14점　해당 직업에 대한 진지한 고민이 필요합니다.
9점 이하　다른 분야를 먼저 살펴보세요.

1. 트랙메이커와 탑라이너, 어떤 일을 하는 걸까?

음악 제작의 분업화가 활발해지고 힙합 장르가 유행하면서 나타난 직업이 바로 트랙메이커와 탑라이너이다. 간단하게 말하면 트랙메이커는 반주를 만들고, 탑라이너는 멜로디를 쓰는 사람이다. 전통적인 제작 방식과 순서만 바뀐 거 아니냐고 생각할 수 있지만, 실제 작업 과정에서 큰 차이를 보인다.

트랙메이커, 단순한 편곡가가 아니다

트랙메이커가 반주 만드는 역할이니 편곡가와 같은 직업이 아닌가라고 생각하는 사람이 있다. 물론 두 직업 모두 반주를 만드는 것은 맞지만 작업 방식에 큰 차이가 있다. 편곡가는 주어진 멜로디와 코드 진행에 맞춰 악기를 구성하며 반주를 만드는 역할이다. 따라서 멜로디와 코드 진행이라는 뼈대에 각종 악기로 살을 채우는 것이라고 볼 수 있다.

반면에 트랙메이커는 아무것도 없는 백지상태에서 작업을 시작해야 한다. 그래서 편곡가보다 작곡가에 가깝다. 더욱이 멜로디 라인은 노래의 코드 진행과 리듬에 큰 영향을 받기 때문에, 비록 트랙메이커가 직접 멜로디 라인을 만들지 않았더라도 상당 부분 멜로디 작업에 영향을 준다고 볼 수 있다. 힙합에서는 장르의 특성상 드럼 같은 리듬 악기가 중요하기 때문에 트랙메이커 대신 비트메이커라고도 부른다.

트랙메이커는 단순히 멜로디를 받쳐주는 반주가 아닌, 작업 시작부터 곡의 분위기와 사운드를 디자인한다. 그래서 미디(MIDI) 작업에 매우 능숙해야 하고 가상 악기에 대한 높은 이해가 필요하다. 일정 수준 이상의 믹싱도 알아야 한다. 앞에서도 말한 것처럼 최근의 대중음 악은 멜로디에 맞춰 반주를 만드는 형태보 다 코드 진행과 트랙에 맞춰 멜로디를 입 히는 추세이기 때문에 트랙메이커가 활발 하게 활동하고 있다.

탑라이너, 결국 대중은 멜로디를 기억한다

멜로디 만드는 사람을 탑라이너라고 부르는 이유는 일반적으로 곡에서 멜로 디가 가장 높은(Top) 선율(Line)이기 때문이다. 탑라이너는 트랙메이커가 만든 반 주에 맞춰 멜로디를 작곡한다. 힙합 경연 프로그램에서 자주 볼 수 있는 광경처 럼 똑같은 비트(반주) 위로 여러 명의 랩퍼가 전혀 다른 랩을 만드는 것을 상상하 면 탑라이너의 역할을 쉽게 이해할 수 있다. 이런 이유로 탑라이너는 노래를 잘 하는 사람이 더 유리한 경우가 많다.(절대적인 것은 아니다.) 왜냐하면 만들어진 트 랙을 들으며 멜로디를 흥얼거리면서 작업을 시작하기 때문이다. 그래서 유명한 탑라이너의 경우 가수 수준의 보컬 실력을 갖춘 사람이 많다. 탑라이너는 멜로 디뿐만 아니라 코러스 라인도 만들어야 하고, 트랙에 맞춰 공동 작업을 하기 때 문에 미디도 잘 다뤄야 한다. 또한 보컬 피치 조절 등 기본적인 믹싱 작업을 할 수 있는 것이 좋다.

트랙메이커보다 절대적인 작업 참여도가 적다고 보는 사람도 있지만 대중은 결국 노래의 멜로디를 기억하기 때문에 탑라이너의 중요성은 아무리 강조해도 지나치지 않는다. 실제 기획사에서도 창의적인 탑라이너의 역할을 아주 중요하 게 생각한다.

2. 트랙메이커와 탑라이너 이렇게 준비하자.

미디는 능숙하게 다뤄야 한다

트랙메이커와 탑라이너는 대부분 미디로 작업을 하기 때문에 DAW(미디 프로그램)를 잘 다뤄야 한다. 또한 팀 작업이 많기 때문에 너무 개성이 강한 프로그램보다는 많은 사람이 사용하는 큐베이스, 로직, 에이블톤 라이브, FL Studio 등을 사용하는 것이 좋다. 트랙메이커는 가상 악기에 대한 이해와 원하는 사운드를 만들 수 있는 믹싱 지식도 있어야 한다. 탑라이너는 가이드 보컬을 녹음하는 일이 많기 때문에 마이크에 대한 이해와 전반적인 녹음 과정을 리드할 수 있어야 한다.

서로에 대한 존중과 배려는 필수이다

트랙메이커와 탑라이너는 바늘과 실 같은 관계이다. 따로따로 역할이 있지만 결국 함께 일해야 결과물을 만들 수 있기 때문이다. 최근에는 가수들의 활동 시기가 짧아지면서 기한이 타이트한 작업이 많아져서 한 명의 작곡가가 아닌 팀 단위로 작업을 하는 경우가 대부분이다. 한 팀에서 여러 명의 트랙메이커와 탑라이너가 협업하면서 하나의 곡을 완성하는 것이다. 이때 가장 중요한 것은 서로에 대한 존중과 배려이다. 자신의 음악적 색깔이나 개성을 고집하지 않고 서로의 의견을 존중하며 곡을 완성해 나가야 한다. 팀으로 작업하다 보면 특정 부분에서 자신의 트랙이나 멜로디가 아닌 다른 사람의 작품이 채택되는 경우가 허다하고, 한 곡에서 자신의 분량이 미미할 때가 많기 때문에 이럴 때마다 매번 서운한 마음을 갖는다면 팀 작업 자체가 어려울 수 있다. 아이돌 그룹의 크레딧을 보면 적게는 2~3명 많게는 5~7명이 적혀 있는 사실을 기억하자.

일단 일을 시작하는 것이 좋다

트랙메이커나 탑라이너가 되는 방법은 정해져 있지 않다. 유명 작곡가나 프로듀서의 문하생부터 시작해서 하나씩 하나씩 프로젝트에 참여하는 경우도 있고, 기획사에 곡을 피칭(판매) 하는 퍼블리싱 회사에 소속되어 곡 작업을 시작할 수도 있다. 이런 경우 내가 작업한 곡이 발매되기 전까지는 수입이 없기 때문에, 어느 정도 안정적인 수입이 생길 때까지는 가이드 보컬이나 작곡 레슨 같은 부가적인 경제 활동을 하는 경우가 많다. 하지만 대부분의 유명 트랙메이커나 탑라이너도 하루아침에 스타 작곡가가 된 것이 아니란 점을 기억하자. 누군가 알아주지 않을 것 같은 하루하루의 노력이 쌓이다 보면 언젠가 빛을 볼 수 있을 것이다. 그러기에 일단 관련 업무를 시작하는 것이 좋다.

트랙메이커와 탑라이너! 이것이 궁금해요?!

Q1. 트랙메이커와 탑라이너가 공동으로 작업을 하면 저작권 지분은 어떻게 나누나요?

음원의 저작권은 작곡, 작사, 편곡으로 나눠집니다. 작곡 지분은 트랙메이커와 탑라이너가 작업 기여도에 따라 지분율을 나눕니다. 보통은 트랙메이커가 좀 더 높은 지분을 가지고 있습니다. 작사 지분은 당연히 가사를 쓴 사람에게 귀속되는데 탑라이너가 멜로디를 만들면서 작사까지 하는 경우가 많습니다. 편곡 지분은 따로 편곡가가 없다면 트랙메이커에게 귀속됩니다. 작업 시작 전 총괄 프로듀서가 참여자의 지분을 사전 협의하는 경우도 있습니다.

Q2. 탑라이너가 꿈인 학생입니다. 멜로디만 만드는 일을 하는데 꼭 미디를 배워야 할까요?

탑라이너에게도 미디 작업은 필수입니다. 작업을 하다 보면 소위 입작곡만 하는 것이 아니라 DAW에서 제공하는 다양한 기능을 활용하여 아이디어를 얻고 멜로디 선율과 리듬을 만들 때가 많습니다. 본문에서 언급한 것처럼 미디 녹음에도 능숙해야 하고 보컬의 피치 조정도 할 수 있어야 합니다.

Q3. 퍼블리싱 회사는 어떤 곳인가요!

퍼블리싱 회사는 소속 작곡가의 작업물을 여러 기획사의 A&R이나 프로듀서에게 소개하는 역할을 합니다. 그래서 많은 양의 데모곡이 필요합니다. 이런 이유로 퍼블리싱 회사는 트랙메이커와 탑라이너 모집 공고를 자주 냅니다.

03. OST 작곡가

영화나 드라마에 삽입되는 노래를 OST(Original Sound Track)라고 한다. OST는 영상에 대한 몰입도를 최고로 끌어내는 역할을 하기 때문에, OST 작곡가는 음악뿐만 아니라 영상 콘텐츠에 대한 이해가 필요하다. 영화 OST 작곡가의 경우 풍부한 음악적 지식과 오케스트레이션 음악을 기반으로 하는 작·편곡 능력이 필요하며 대위법, 화성학 같은 이론도 잘 알고 있어야 한다.

♫ 나는 OST 작곡가에 잘 어울리는 사람일까?

Check Point 영상 이해, 오케스트레이션, 감정 공감 능력	매우 아니다	아니다	보통 이다	그렇다	매우 그렇다
여러 장르의 음악에 관심이 많다.	○	○	○	○	○
오케스트레이션 작곡을 할 수 있다.	○	○	○	○	○
음악 작업 속도가 빠른 편이다.	○	○	○	○	○
영화, 드라마 보는 것을 좋아한다.	○	○	○	○	○
스토리 이해를 잘 한다.	○	○	○	○	○
일을 시작하면 몰입하는 편이다.	○	○	○	○	○
다른 사람의 일에 감정 이입을 잘 한다.	○	○	○	○	○
커뮤니케이션 스킬이 있다.	○	○	○	○	○
여러 사람과 원활하게 일하는 성격이다.	○	○	○	○	○

※ 본 설문은 관련 종사자들의 의견으로 작성된 참고용 자료입니다. 해당 직업에 대한 절대적 기준이 아니며, 다른 의견도 있음을 알려드립니다.

매우 그렇다(5점) / 그렇다(4점) / 보통이다(3점) / 아니다(2점) / 매우 아니다(1점)

40~45점 당신을 위한 직업이군요.
30~39점 해당 분야에 재능이 있습니다.
20~29점 해당 직업에 대한 진지한 고민이 필요합니다.
20점 이하 다른 분야를 먼저 살펴보세요.

1. OST 제작에 참여하는 사람들

OST 관련 음악 직업은 크게 음악 감독, 작·편곡가, 오퍼레이터로 나눌 수 있다. 작업 성격이나 예산에 따라 한 사람이 모든 업무를 담당하기도 하고 역할을 나눠 작업하기도 한다.

OST 음악 감독

OST 음악 감독은 드라마나 영화의 모든 음악을 총지휘하는 사람이다. 음악 감독은 드라마와 영화의 시놉시스를 보고 곡의 의도와 감정선을 파악하여 영상에 필요한 음악을 디렉팅한다. 영상 감독, 작가와 함께 전체적

인 테마를 정하고, 이를 실제 작업자들에게 전달한 후 계속해서 수정 요청을 해야 하므로 음악적 자질뿐만 아니라 커뮤니케이션 역량이 매우 중요하다. 원활한 작업을 위해 레퍼런스 음악을 전달해 주는 경우도 많아서 다양한 곡을 알아야 한다. 음악 감독은 OST 제작 예산을 책정하여 제작사에 요청하는 일도 한다. 그래서 연주자나 녹음실 비용도 계산할 수 있어야 한다. 작곡가, 연주자, 엔지니어와 협력하여 해당 영화나 드라마의 전체적인 음악 작업을 이끌어갈 리더십이 필요하다.

OST 작·편곡가

OST 음악을 실제로 만드는 사람은 작곡가이다. OST 작곡가는 일반적으로

편곡까지 모두 맡기 때문에 곡을 처음부터 끝까지 완성할 수 있는 역량을 갖추는 것이 중요하다. 또한 다양한 장르에 대응하기 위해 오케스트라부터 EDM까지 폭넓은 음악적 지식과 이론을 알고 있어야 한다.

드라마 작곡가는 시놉시스를 중심으로 곡 작업을 진행한다. 사전 제작 드라마가 아니고서야 작곡가가 영상을 보고 작업하는 경우는 극히 드물다. 대신 시놉시스를 참고하여 분위기와 감정을 파악하고 음악을 만든다. 제작한 작업물은 음악 감독과 협의를 통해 완성한다. 좋은 음악을 준비하고 해당 분야에서 자주 사용하는 용어를 숙지해 두면 많은 도움이 된다.

OST 오퍼레이터

오퍼레이터(Operator)는 완성된 음악을 실제 영화와 드라마의 상황에 어울리도록 삽입하는 작업을 담당한다. 극의 상황에 어울리지 않는 음악이 삽입되면 열심히 만든 작업이 안 한 것만 못하게 되므로 오퍼레이터의 역할도 매우 중요하다. 따라서 드라마나 영화의 스토리를 전체적으로 이해하는 능력, 감독과 커뮤니케이션을 잘하는 기술이 필요하다. 음악 감독이 직접 오퍼레이터를 하는 경우도 많다.

오퍼레이터는 작곡 능력보다 음악에 대한 풍부한 지식과 선곡 능력이 중요한 파트이다. OST 팀에서 일하다 보면 음악을 만드는 센스가 있는 사람, 상황에 맞게 음악을 잘 입히는 사람이 나뉘기 마련인데, 자신의 성향에 맞게 업무를 찾아가는 것이 좋다.

02. OST 작곡가, 이렇게 준비하자.

소규모 프로젝트부터 시작하자

OST 작곡가가 되기 위해서는 소규모 독립 영화나 저예산 웹드라마, 소극장 음악 감독 등 작은 프로젝트부터 차근차근 경력을 쌓는 것이 좋다. 관련 회사에 포트폴리오를 보내면 연락이 오는 경우가 의외로 자주 있다. 특히 시작하는 독립 영화와 연극 같은 경우는 경력이 많지 않더라도 함께 작업을 맞춰 볼 음악 감독을 찾는 편이다. 물론 이런 프로젝트는 저예산인 경우가 많아 음악 감독의 처우는 다소 부족할 수 있다.

오디션을 노려라

영화나 드라마 홍보를 위해 제작사나 방송국에서 주최하는 OST 공모전이 있다. 입상한 곡들은 바로 작품에 삽입되기도 한다. 누구나 차별 없이 음악을 제출할 수 있고 비교적 공정한 심사를 받게 되므로 인맥이 부족하다고 느끼는 사람에게 좋은 기회가 될 수 있다. OST 공모전은 비정기적이기 때문에 영화사 SNS를 팔로우하거나 'OST 공모전' 같은 검색어를 자주 확인해 보자.

오케스트레이션 실력 키우기

OST 작곡가는 기본적으로 뛰어난 작곡, 편곡 실력이 있어야 하며 특히 오케스트레이션 작업에도 능숙해야 한다. 현악기의 음색과 주법을 이해하고 있어야 디렉팅을 정확하게 할 수 있다. 실제 악기 연주자와 녹음실에서 작업하는 경우가 많기 때문에 OST 작곡가가 되려면 악보를 그리는 능력도 필수이다. 특히 스트링 계열의 악기(바이올린, 비올라, 첼로 등)는 다수의 연주자와 작업하므로 정확한 악보를 만들어야 한다.

OST 작곡가! 이것이 궁금해요?!

Q1. 소규모 연극 음악 제작을 제안받았습니다. 작업 비용이 적은 편이라 고민 중입니다. OST 작곡가가 되는 데 도움이 될까요?

드라마나 영화 OST 제작 방식과 차이가 있지만 연극 음악은 연출자, 배우들과 함께 일하는 경험을 쌓을 기회입니다. 다른 분야의 사람들과 협업했던 경험은 훗날 좋은 자산이 될 수 있습니다. 일반적으로 연극은 제작비 규모가 적은 편이기 때문에 작업 비용에 관한 미련은 잠시 접어두는 것이 좋습니다.

Q2. 드라마가 수출되면 해외에서도 OST 저작권료를 받을 수 있나요?

한류의 성장으로 드라마 수출이 늘어나고 있습니다. 이 경우 추가적인 OST 저작권료 수입이 발생합니다. 그러나 저작권에 대한 이해가 낮은 국가의 경우 저작권료가 거의 발생하지 않을 수도 있습니다. 해외 저작권료는 정산까지 길게는 2년 정도가 걸린다는 단점이 있습니다. 해외 저작권료는 국내 저작권 협회에서 관리하지 않기 때문에 수수료를 주고 저작권 관리 퍼블리싱 회사에 의뢰해야 합니다.

Q3. OST 제작에 오케스트레이션 작업이 많다고 하던데 어떻게 준비하면 좋을까요?

먼저 클래식 음악을 많이 들어야 합니다. 오케스트라가 연주한 클래식 음악을 들으면서 악기의 종류와 특징을 이해하는 노력이 필요합니다. 또한 오케스트라와 작업하는 경우 악보를 그려주는 일이 자주 있기 때문에 기보 연습을 하면 좋습니다. 주의할 것은 해당 악기의 음역대를 벗어난 음표를 그려서는 안 된다는 점입니다. 음역대를 벗어나면 연주 자체가 불가능하므로 악기별 음역대를 꼭 체크해야 합니다. 초보자라면 '시벨리우스'라는 프로그램을 추천합니다. 음표가 악기의 음역대를 벗어나면 다른 색깔로 표시해 주는 기능이 있습니다.

04. 게임 음악 작곡가

게임 '문명'의 메인 타이틀 곡 'Baba Yetu(바바 예투, 크리스토퍼 틴 작곡)'는 음악인의 꿈인 그레미 어워즈 후보에 오르고, 다음 해 최우수 보컬 편곡상을 수상하는 쾌거를 이뤘다. 이처럼 게임 음악 작곡은 더 이상 마이너한 장르가 아닌, 전망이 매우 좋은 직업이다. 게임 음악 작곡가는 음악, 효과음, 성우 녹음 등 게임에서 사용하는 모든 사운드를 총괄한다. 정규직 형태가 많아 다른 분야에 비해 안정적인 직업이기도 하다.

♬ 나는 게임 음악 작곡가에 잘 어울리는 사람일까?

Check Point 안정적, 커뮤니케이션 능력, 협업	매우 아니다	아니다	보통 이다	그렇다	매우 그렇다
영상을 보면 어울리는 음악이 생각난다.	○	○	○	○	○
효과음을 만들어 본 경험이 있다.	○	○	○	○	○
오케스트레이션 편곡을 할 수 있다.	○	○	○	○	○
다양한 장르의 게임을 좋아한다.	○	○	○	○	○
새로 나온 게임은 꼭 해보는 편이다.	○	○	○	○	○
조직에 속해서 일하는 것을 좋아한다.	○	○	○	○	○
모험보다는 안정적인 생활을 선호한다.	○	○	○	○	○
시간 약속을 잘 지킨다.	○	○	○	○	○
다른 사람의 의도를 잘 파악할 수 있다.	○	○	○	○	○

※ 본 설문은 관련 종사자들의 의견으로 작성된 참고용 자료입니다.
해당 직업에 대한 절대적 기준이 아니며, 다른 의견도 있음을 알려드립니다.

매우 그렇다(5점) / 그렇다(4점) / 보통이다(3점) / 아니다(2점) / 매우 아니다(1점)

40~45점 당신을 위한 직업이군요.
30~39점 해당 분야에 재능이 있습니다.
20~29점 해당 직업에 대한 진지한 고민이 필요합니다.
20점이하 다른 분야를 먼저 살펴보세요.

1. 게임 음악은 어떻게 만들어질까?

과거 게임 음악은 단순한 멜로디 위주였지만, 현재는 클래식, 퓨전, 뉴에이지 등 다양한 장르가 접목되고 있다. 따라서 음악을 담당하는 작곡가도 폭넓은 지식과 역량을 갖추어야 한다. 국내 게임 〈블레스(BLESS)〉의 경우 세계적인 영화 음악 감독인 한스 짐머(Hans Zimmer)가 참여해 화제가 되었다.

콘셉트 회의

게임을 생각하면 자유로운 분위기가 먼저 떠오르지만, 게임 음악 작곡은 다른 분야보다 스태프와의 협업이 매우 중요하다. 작곡가가 하고 싶은 음악을 만드는 것이 아니라 게임의 특징과 콘셉트에 맞는 작품을 만들어야 하기 때문이

다. 이를 위해 개발 담당자들과 콘셉트 회의를 수차례 진행하며 전체적인 사운드 콘티를 만든다. 따라서 게임 음악 작곡가는 조직의 일원으로 동료들과 커뮤니케이션을 원활하게 할 수 있어야 한다.

콘셉트는 말로만 설명하기가 어렵기 때문에 여러 담당자와 원활한 소통을 위해 레퍼런스 음악을 준비하는 것이 좋다. 레퍼런스를 가지고 회의를 진행하면 보다 구체적인 협의를 할 수 있게 된다. 레퍼런스가 없다면 1분 정도의 샘플 음악을 만들어 가는 것도 좋은 방법이다.

음악 제작

게임 음악을 만들려면 본격적인 작업에 앞서 몇 가지 확인이 필요하다. 먼저 음악이 기술적으로 게임에 어떻게 적용되는지 이해해야 한다. 그래야만 불필요한 과정 없이 효과적인 작업이 가능하다. 이를 위해서 개발자와 소통이 필수이다. 또한 게임 속의 시대와 장소, 캐릭터 등을 잘 이해해야 한다. 게임 시나리오를 분석하면서 메인 테마, 캐릭터 테마, 장소 테마, 상황 테마에 어울리는 음악을 기획해야 한다. 중세가 배경이라면 웅장한 클래식 음악이 좋고, 아기자기한 캐릭터가 나올 경우 통통 튀는 효과음이 필요하다.

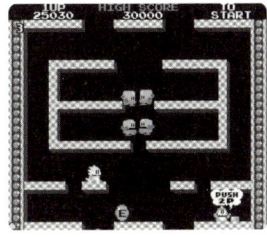

가장 신경 써야 하는 부분은 게임의 마스코트가 될 '메인 테마'이다. 타이틀 곡은 특징이 있고 기억에 오래 남을만한 음악이어야 한다. 〈보글보글〉, 〈파이널 판타지〉처럼 메인 테마가 잘 나올 경우 음악만 들어도 게임을 바로 연상할 수 있다.

믹싱, 마스터링

회사 환경에 따라 다르지만 게임 음악을 만들 때 작곡가가 직접 믹싱과 마스터링을 하는 경우가 있다. 따라서 음향 엔지니어링에 관한 지식과 기술이 풍부하면 게임 분야에서 일하기가 수월하다.(게임 음악 작곡을 하고 싶다면 믹싱, 마스터링 테크닉을 미리 배워 놓는 것이 유리하다.) 이렇게 믹싱과 마스터링을 거친 음악은 게임 기획자, 시나리오 작가와 최종적인 협의를 거쳐 실제 게임에 사용된다.

효과음

탕탕탕 총을 쏘는 소리, 악당을 물리칠 때 나오는 경쾌한 소리 같은 효과음은 게임 속에서 큰 비중을 차지한다. 효과음을 통해 순간적 몰입과 긴장감이 배가 되기 때문이다. 게임 효과음은 전문적인 사운드 디자이너가 제작하는 편이다. 하지만 회사 규모에 따라 작곡가가 사운드 디자인을 해야 하는 경우도 있다. 직접 효과음을 제작하지 않더라도 게임 음악 작곡가는 효과음과 각 테마별 음악이 잘 어울리는지 체크하면서 완성도를 높여야 한다.

2. 게임 회사 입사 준비

공모전 참가하기

게임 음악 작곡가가 꿈이라면 학생 시절부터 관련 공모전에 참가해 보자. 게임 회사에서 주최하는 공모전에 입상하면 입사 지원 시 가산점을 주는 경우도 있다. 혼자서 자신이 없다면 팀으로 출전하는 것도 방법이다. 수상을 하지 못했더라도 이력서 작성 시 '○○게임 음악 공모전 출품'이라고 적어, 게임 분야에 대한 자신의 관심을 최대한 어필하는 것이 좋다.

성실함을 보여라

게임 음악 작곡가는 대개 정규직으로 채용되기 때문에, 회사는 작곡가가 직장 생활을 성실히 할 수 있는 사람인지를 중요하게 본다. 뮤지션은 조직 생활을 부담스러워한다는 편견이 있기 때문에 입사 지원 시 성실함과 협업 능력을 어필하는 것이 좋다. 장기간의 아르바이트 경력이 있다면 이력서에 꼭 기재하자. 학창 시절 학점관리도 성실함을 증명할 수 있는 좋은 도구가 될 수 있다.

포트폴리오 준비하기

특별히 입사하고 싶은 게임 회사가 있다면 그 회사의 기존 게임 음악과 비슷한 분위기의 작품을 준비하자. 기존의 게임 영상에 자신이 작업한 음악을 입혀 포트폴리오를 준비하는 것도 좋은 방법이다.

오케스트레이션 작업이 가능하다면 더 좋다. 최근 출시되는 대작 게임들은 대부분 오케스트레이션 음악이 들어가 있다. 채용 담당자도 오케스트라 편집을 할 수 있는 수준이라면 다른 음악 장르도 쉽게 소화할 수 있다고 판단하는 편이다.

게임 분석하기

당연한 이야기지만 게임 음악을 잘 만들려면 게임을 좋아해야 한다. 다만 게임 음악 작곡가는 플레이를 넘어 스토리 전개와 캐릭터 등에 주의를 기울여야 한다. 상황에 따라 음악이 기술적으로 어떻게 적용되는지 생각해 보는 태도가 중요하다.

게임을 하나 정하고 어떤 음악을 어떤 경우에 사용했는지 정리해 보는 것도 좋다. 이런 분석에 익숙해지면 게임 음악에 대한 자신만의 기준이 생기고 사운드 전체를 보는 안목을 기를 수 있다.

게임 음악 작곡가! 이것이 궁금해요?!

Q1. 평범한 실용음악대학을 졸업했습니다. 게임 음악 작곡가로 취업이 가능할까요?

게임 회사는 다른 분야보다 출신 대학을 따지지 않는 편입니다. 현장에서 배울 부분이 많기 때문에 성실하게 회사에 오래 다닐 인재를 선호합니다. 게임 음악 제작에 필요한 능력이 100이라면 학교에서 30, 취업 후 일을 시작하면서 70을 배운다고 할 수 있습니다. 학교 지명도에 상관없이 공고가 나면 적극적으로 지원하세요.

Q2. 게임 음악 작곡가 구인 정보는 어디서 볼 수 있나요?

게임 음악 작곡가 구인은 주로 공채를 통해 진행합니다. 대표적으로 '오디오가이' 사이트에 많은 구인 정보가 올라옵니다. '엠앤에스(미디앤사운드)'나 '취업 정보 포털(잡코리아, 사람인 등)'에서도 구인 정보를 찾을 수 있습니다.

Q3. 게임 음악 신입 작곡가의 급여 수준은 어떻게 되나요?

회사마다 차이가 있지만 신입 사원의 경우 중소기업 신입사원 연봉 정도로 시작하는 편입니다. 회사 소속으로 4대 보험이 보장되는 급여를 받기 때문에 다른 작곡 분야보다 안정적이라는 장점이 있습니다.

Q4. 자유로운 음악 활동을 선호하는 편입니다. 게임 음악 작곡가에 적합할까요?

혼자 작업하기를 좋아하거나 시간적인 자유로움을 추구하는 성격이라면 게임 회사에 어울리지 않습니다. 프리랜서로 계약을 하더라도 클라이언트와 커뮤니케이션을 지속적으로 해야 하며, 수정에 관한 요청도 많은 편이기 때문에 게임 음악 작곡가로 활동하려면 동료들과 함께 일하는 태도가 필요합니다.

"회사 구성원들과 소통하면서
직장인과 음악가로서의 균형을 이루어야 합니다."

게임 음악 작곡가 인터뷰 | **홍성규**(작곡가, 사운드 디자이너)

1. 게임 음악 작곡을 시작한 계기가 있으신가요?

어려서부터 게임을 좋아했고, 작곡가로 활동하다 보니 자연스럽게 게임 음악에 관심이 많았습니다. 지인 중 유명 게임 개발자가 있었는데, 그분이 게임 음악 작곡을 권유하셔서 이 일을 시작하게 되었습니다. 그때 처음 맡은 작업이 (주)액토즈소프트의 탁구게임 X-Spin의 트레일러 음악이었습니다.

이후 리듬 액션 게임 DJ Max의 개발사인 펜타비전에 작곡가로 입사하면서 게임 업계에 들어오게 되었고, Nexon GT(구 게임하이), NSC를 거쳐 현재 Initium Sound Lab이라는 프로덕션을 운영하고 있습니다.

2. 게임 음악 작곡과 일반 작곡의 차이점은 무엇인가요?

게임 음악의 가장 큰 특징은 게임 플레이를 돕는 것입니다. 게임의 상황이나 전개에 맞춰 정서를 표현하고, 때로는 사용자를 안내하는 역할까지 하는 것이 게임

음악입니다. 따라서 개인적인 감정을 표현하기보다 다른 스태프와 의견을 나누며 게임 음악에 담고자 하는 정서와 메시지를 명확하게 인지하고 작업해야 합니다.

게임의 기획 의도를 정확하게 파악하고 음악이 게임에 어떻게 기술적으로 적용되는지 알고 있어야 효과적인 게임 음악을 만들 수 있습니다. 게임도 많이 하시기 바랍니다. 단, 게임의 상황 전개에 따른 음악 변화에 귀를 기울이면서요.

3. 게임 음악 제작 공부는 어떻게 시작해야 하나요?

게임 음악의 작·편곡 방식은 기존 음악과 크게 다르지 않습니다. 따라서 기본적인 작곡과 편곡 능력은 필수입니다. 또한 다양한 장르의 음악을 다뤄야 하므로 장르에 맞는 작곡과 악기 편곡 능력도 요구됩니다. 최근 게임 산업이 성장함에 따라 막대한 자본이 유입되면서 게임 음악 제작에 유명 대중음악 작곡가, 영화 음악 작곡가를 섭외하는 등 많은 시도가 이루어지고 있죠. 그만큼 오케스트레이션(관현악

편곡) 능력도 중요한 시대가 되었습니다. 이외에도 미디, 믹싱, 마스터링 등 음악 제작에 필요한 다양한 능력이 요구되므로 급하게 마음먹지 말고 차근차근 준비하는 것이 좋습니다.

4. 게임 음악을 잘 만들려면 음악 외에 어떤 준비를 하면 좋을까요?

책을 많이 읽기 바랍니다. 게임 음악 작곡의 시작은 게임의 세계관과 시나리오에 담겨있는 정서를 이해하는 것입니다. 작곡가의 상상력 크기에 따라 금방 잊혀질 배경 음악이 될 수도 있고 평생 기억에 남을 게임 테마가 될 수도 있습니다. 또 게임의 개발 구조와 메커니즘을 이해해야 합니다. 대부분 게임 음악 작곡가 지망생은 음악 외에 게임 개발에 대해서는 관심 없는 경우가 많습니다.

5. 게임 음악 작곡가의 근무 환경은 어떤가요?

회사에 따라 천차만별입니다. 스타트업으로 시작한 작은 회사의 경우 열악한 근무 환경이지만, 성공 시 큰 이익과 함께 회사의 창립 멤버로 대우받을 수 있습니다. 반면에 규모가 큰 회사는 좋은 근무 조건과 안정적인 직장 생활이 보장되지만 승진이 오래 걸리고 한 번에 큰 이익을 얻기 어렵다는 단점이 있습니다. 저의 첫 직장은 사운드 부서에 대한 지원이 없

었기 때문에 작곡가가 직접 본인의 장비를 가져와 작업하는 열악한 환경이었습니다. 하지만 점점 회사가 성장하면서 사운드 부서에 대한 지원도 생기고 작곡가에 대한 대우도 좋아졌습니다.

6. 게임 음악의 매력은 무엇인가요?

영화나 드라마 등 일반적인 영상 콘텐츠는 스토리텔링을 따라가는 감상에 그치지만, 게임은 플레이어가 자신의 이야기를 직접 만든다는 큰 차이점이 있습니다. 지역, 인물, 상황에 따라 다양하게 제작된 게임 음악은 플레이어의 행동에 따라 재생되므로 다른 영상 음악보다 훨씬 큰 감정이입과 몰입감을 줍니다. 이처럼 정서적 영향력이 큰 것이 게임 음악의 매력이라고 생각합니다.

여러분은 게임이란 단어를 들으면 어떤 생각이 떠오르나요? 아마 대부분 즐거운 상상을 할 것입니다. 〈슈퍼마리오〉, 〈젤다의 전설〉, 〈문명〉의 테마 멜로디를 상상해 보세요. 즐거워지지 않나요? 내가 만든 음악이 다른 사람들의 마음을 즐겁게 해주고 게임을 하던 그때의 추억도 떠올리게 한다면 음악가로서 참 행복할 겁니다.

7. 게임 음악 제작을 하면서 가장 힘든 점은 무엇인가요?

가장 힘든 점은 아무래도 개발 스태프와의 커뮤니케이션이 아닐까 합니다. 누구나 음악을 만들지는 못하지만, 누구나 음악을 듣고 평가할 수는 있습니다. 그래서 게임 음악 작곡가는 스태프의 의견에 귀를 기울이고 과감하게 포기할 부분은 포기하고, 중심을 지켜야 할 부분은 지켜야 합니다. 구성원과의 소통과 다양한 의견 속에서 직장인인 동시에 음악가로 균형을 지키며 작업하는 것이 어려운 일입니다.

8. 게임 음악 제작을 꿈꾸는 학생들에게 조언 부탁드립니다.

게임은 참 즐겁습니다. 그러나 이것이 직업이 된다면 항상 즐겁지만은 않을 것입니다. 어떤 분야든 마찬가지겠지만, 그냥 게임이 좋아서 또는 음악가로서 안정적인 직장을 얻기 위해 섣불리 넘볐다가는 큰코다치는 곳이 게임 업계입니다. '좋은 대학의 실용음악과를 나왔으니까, 그동안 열심히 음악 활동을 했으니까 뽑아주겠지'라는 안일한 생각을 버려야 합니다. 훌륭한 음악 실력을 기본적으로 갖추고, 게임에 대한 이해와 연구를 게을리하지 않아야 합니다.

게임 회사는 여러분이 그저 그런 음악을 만들길 바라지 않습니다. 게임 음악을 만드는 것은 개인적으로 음원을 만들어 출시하는 것과는 다르게, 대중의 반응 이전에 회사 구성원의 평가와 의견이 음악에 적지 않은 영향을 미치므로 의견 수용과 평가에 관대한 마음이 있어야 합니다. 더불어 반복되는 수정 사항에 대처하는 센스와 작업 속도도 중요하다는 것을 인지하고 입사 준비를 하면 좋겠습니다.

홍성규 작곡가, 사운드 디자이너

(주)팬타비전 근무 - DJ Max 사운드 팀
넥슨 GT 근무 - 서든 어택, 데카론 등 게임 사운드 제작
(주)NSC - 게임 사운드 실장
CF 음악 감독 - 기아 자동차, 삼성 에어컨, LG TV 등 다수
Initium Sound Lab 프로듀서
'트리 오브 세이비어', '마비노기', '하이퍼유니버스' OST 작곡

05. 광고 음악 작곡가

광고 음악 작곡가는 TV, 라디오, 온라인 광고에 들어가는 음악을 만드는 사람이다. 광고 음악은 제품을 돋보이게 해야 하기 때문에 작곡가는 상품 콘셉트에 대한 정확한 이해를 해야 한다. 광고주와 원활한 커뮤니케이션 능력도 필수이다.

♬ 나는 광고 음악 작곡가에 잘 어울리는 사람일까?

Check Point 트렌드, 미디 작업, 마케팅	매우 아니다	아니다	보통 이다	그렇다	매우 그렇다
극적인 음악 효과를 만들 수 있다.	○	○	○	○	○
팝 음악을 많이 알고 있다.	○	○	○	○	○
트렌드에 민감하다.	○	○	○	○	○
톡톡 튀는 아이디어를 잘 낸다.	○	○	○	○	○
사전 조사와 자료 수집을 잘 한다.	○	○	○	○	○
일에 대한 집중력이 높은 편이다.	○	○	○	○	○
윗사람과 일하는 것에 부담이 없다.	○	○	○	○	○
마케팅 관련 지식이 있다.	○	○	○	○	○
상대방이 원하는 것을 잘 파악한다.	○	○	○	○	○

※ 본 설문은 관련 종사자들의 의견으로 작성된 참고용 자료입니다.
해당 직업에 대한 절대적 기준이 아니며, 다른 의견도 있음을 알려드립니다.

매우 그렇다(5점) / 그렇다(4점) / 보통이다(3점) / 아니다(2점) / 매우 아니다(1점)

40~45점 당신을 위한 직업이군요.
30~39점 해당 분야에 재능이 있습니다.
20~29점 해당 직업에 대한 진지한 고민이 필요합니다.
20점 이하 다른 분야를 먼저 살펴보세요.

1. 광고 음악은 어떻게 만들어질까?

광고 음악은 소비자의 구매 욕구를 불러일으키는 중요한 역할을 한다. 광고 콘셉트에 따라 기성곡을 사용하기도, 창작곡을 만들기도 한다. 주로 TV와 라디오가 광고 음악의 중심이었는데, 최근에는 유튜브나 SNS도 중요한 광고 음악 시장이 되어가고 있다.

Full Song, BGM, Jingle

광고 음악을 흔히 CM(Commercial Music)이라고 한다. 광고 음악도 몇 가지 종류가 있는데 어떤 형식을 사용하느냐에 따라 작업 방식이 많이 바뀐다. 예를 들어 저자가 작업에 참여한 라디오 광고인 '○○○ 대리운전' 같이 광고 전체가 하나의 노래 형태로 되어 있는 것을 전문 용어로 풀송(Full Song)이라고 한다. 직접 창작한 노래를 사용하거나 기성곡을 개사하는 경우가 있다.

제품 이미지가 중요한 광고는 가사가 있는 음악보다 영상에 연주만 입히는 BGM 작업이 주를 이룬다. 주로 자동차, 고급 가전제품, 아파트 같은 광고에 사용하며 너무 고급스러운 분위기를 만들기 위해 외국인 성우 녹음도 같이 하는 편이다. '오뚜기, 진~라면'처럼 제품명에 짧은 음악(노래)을 붙이거나 효과음을 쓰는 것은 징글(Jingle)이라고 한다. 징글을 잘 만들면 음악을 듣는 순간 제품을 바로 연상할 수 있기 때문에 높은 홍보 효과가 있다.

길이는 다양하게 준비하자

광고는 언제, 어떤 매체에 노출하느냐에 따라 길이가 달라진다. 보통 TV 광고는 15~30초로 운영하고, 극장 광고는 1분 정도로 틀기도 한다. 따라서 광고 음악 작곡가는 30~40초를 기준으로 음악을 만들고 매체에 맞춰 음악을 줄이거나 늘리는 작업을 해야 한다. 음악을 잘라서 줄이기는 쉬워도 늘리는 작업은 어려울 수 있으므로 처음부터 너무 짧게 만들지 않아야 한다.

작업은 기동성 있게

대부분의 광고 음악 작업은 영상 제작이 끝난 후에 시작한다. 그래서 작업 시간이 촉박하게 주어지는 편이다. 짧은 시간에 음악을 만들어야 하기 때문에 광고 음악 작곡가가 전반적인 프로듀싱을 겸하는 경우가 많다. 반주를 만들고, 연주자 및 보컬 레코딩까지 하기도 한다. 따라서 광고 음악 작곡가가 되려면 멀티플레이어의 능력을 갖추는 것이 좋다. 이를 위해 음악적인 경험이 풍부해야 하고, 특히 미디 작업을 잘해야 한다. 제작 기간은 보통 4~5일이 주어지므로 기동성 있게 작업을 리드하는 능력도 중요하다.

2. 광고 음악 작곡가, 이렇게 준비하자.

미디 실력은 프로급으로

앞에서 말한 것처럼 광고 음악은 제작 기간이 짧기 때문에 미디 작업이 많다. 따라서 광고 음악 작곡가를 꿈꾼다면 프로급 미디 실력을 갖춰야 한다. 각종 가상 악기별 특징을 이해하고, 간단한 효과음 정도는 제작할 수 있어야 한다. 작업 시간도 중요하기 때문에 작업 속도를 줄이는 자신의 노하우를 만들거나 단축키 작업에 능숙해지는 것이 좋다.

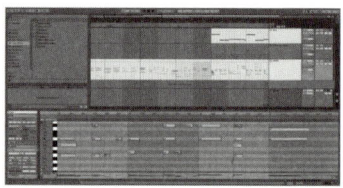

학력보다는 경험이 중요하다

광고 음악은 제품 콘셉트에 따라 다양한 장르를 사용한다. 유치원생을 위한 동요가 필요한 경우도 있고 오케스트라가 연주한 클래식 음악을 쓰기도 한다. 따라서 광고 음악 작곡가는 여러 가지 음악적 경험을 쌓는 것이 바람직하다.

자신의 음악적 취향이 너무 편향되지 않도록 조심하고 작곡뿐만 아니라 연주나 레코딩 같은 분야에도 관심을 갖자. 가끔 유명한 실용음악대학 작곡과를 졸업하면 취업이 쉬울 거라고 생각하는 학생들이 있는데, 현장에서 보는 것은 학력이 아니라 지원자의 경험과 실력임을 잊지 말자.

면접은 자신 있게

광고 음악 회사에 이력서 제출 시, 작곡 및 프로듀싱 경력을 위쪽으로 배치하는 것이 좋다. 실제 제작 경험이 없으면 취업하기 힘든 분야이므로 학생 때 작은 작업이라도 성실하게 하는 태도가 필요하다. 자신의 싱글 앨범을 제작하는 것도 좋은 방법이다.

경력이 다소 모자란다면 면접 시 자신감 있고 겸손한 태도를 보이자. 광고 음악 시장은 업무 강도가 높은 편이기 때문에 음악 외적으로 지원자의 태도와 성실함을 중요하게 평가한다. 저자가 운영하고 있는 회사의 경우도 당당한 모습을 보인 지원자를 채용한 적이 있다.

광고 음악 작곡가! 이것이 궁금해요?!

Q1. 광고 음악 작곡가도 저작권료 수익이 있나요?

일반적으로 광고 음악은 완성된 음악의 저작권을 광고주에게 귀속하는 계약을 합니다. 저작권이 작곡가에게 있으면 계속해서 많은 사람에게 노출하는 광고의 특성상, 끊임없이 저작권료를 지급해야 하기 때문입니다. 물론 계약 조건에 따라 사용 범위에 제한을 두는 경우도 있습니다. 그렇다고 작곡가에게 저작권 수익이 생기는 것은 아닙니다. 결론적으로 광고 음악 작곡은 저작권 수익이 없다고 보면 됩니다.

Q2. 광고 음악 작곡가에 지원하려고 합니다. 출신 학교가 중요할까요?

광고 음악 회사는 출신 학교나 학력보다 지원자의 실력을 중요하게 봅니다. 미디를 잘 다루고 작곡 센스가 있다면 출신 학교에 상관없이 자신 있게 도전하기 바랍니다. 출신 학교보다 잘 만든 포트폴리오가 취업에 큰 도움을 줄 수 있습니다.

Q3. 지방에 살고 있습니다. 지방에서 광고 음악 작곡가로 활동하는 것은 어렵나요?

불가능한 것은 아니지만 대부분의 광고 음악 회사는 서울 근교에 있습니다. 왜냐하면 주요 클라이언트가 대부분 서울에 있기 때문입니다. 업계 특성상 클라이언트 미팅이 자주 있고 협업하는 업체도 서울에 많기 때문에 광고 음악에 뜻이 있다면 거주지를 옮기는 것을 고려해 보기 바랍니다.

Q4. 광고 음악 회사의 평균 급여는 어떻게 되나요?

회사마다 차이가 있지만, 일반적인 신입 연봉이 높은 편은 아닙니다. 하지만 근속 연수와 제작 경험이 늘어날수록 급여 인상률이 높은 분야이기도 합니다. 회사를 선택할 때 급여뿐만 아니라 자신이 선호하는 분야의 광고 작업이 많은지, 프로젝트 진행 시 어떻게 근무 형태가 바뀌는지 알아보는 것이 좋습니다.

02

기획사에서 할 수 있는 일

---

06. 음반 기획자

음반 기획자는 앨범의 기획, 제작, 마케팅, 홍보까지 모든 일을 총괄하는 사람이다. 최근에는 CD보다 디지털 음원의 비중이 높아짐에 따라 기획자의 업무 역량도 바뀌고 있다. 음반 시장은 경쟁이 치열하고 휘발성 소비가 강한 편이기 때문에 개성 있는 콘셉트를 잡는 음반 기획자의 역할이 점점 중요해지고 있다.

♬ 나는 음반 기획자에 잘 어울리는 사람일까?

Check Point 콘셉트 도출, 기획 능력, 마케팅	매우 아니다	아니다	보통 이다	그렇다	매우 그렇다
하나의 주제로 다양한 아이디어를 낼 수 있다.	○	○	○	○	○
의견 충돌을 조율하고 설득하는 능력이 좋다.	○	○	○	○	○
장르별 음악사에 대한 지식이 있다.	○	○	○	○	○
디자인과 미술 분야에 관심이 많은 편이다.	○	○	○	○	○
트렌드에 민감하고 유행을 잘 파악한다.	○	○	○	○	○
SNS 채널별 특성을 잘 알고 있다.	○	○	○	○	○
콘셉트를 도출하는 능력이 있다.	○	○	○	○	○
악기 연주 실력과 작곡 능력이 있다.	○	○	○	○	○
음원 차트 상위권 노래는 전부 듣는 편이다.	○	○	○	○	○

※ 본 설문은 관련 종사자들의 의견으로 작성된 참고용 자료입니다.
해당 직업에 대한 절대적 기준이 아니며, 다른 의견도 있음을 알려드립니다.

매우 그렇다(5점) / 그렇다(4점) / 보통이다(3점) / 아니다(2점) / 매우 아니다(1점)

40~45점 당신을 위한 직업이군요.
30~39점 해당 분야에 재능이 있습니다.
20~29점 해당 직업에 대한 진지한 고민이 필요합니다.
20점이하 다른 분야를 먼저 살펴보세요.

1. 음반 기획자, 이런 일을 한다.

 음반 기획자는 출시할 앨범의 주제와 내용을 구성한다. 기획과 프로듀싱을 함께 하는 경우도 있고, 순수하게 기획 업무만 담당하면서 뮤지션과 협업하기도 한다. 뒤에서 다룰 A&R(Artist and Repertoire의 약자로 음반 제작 전 과정을 관리하는 직업이다.)과 업무 영역이 겹치는 부분도 많은 편이다.

음악 시장 분석

음반 기획자는 말 그대로 출시할 음반을 기획하는 사람이다. 기획이라는 영역이 워낙 방대한 포지션을 가지고 있어 '기획은 이것이다'라고 잘라 말하기는 어렵다. 하지만 능력 있는 기획자의 결과물을 보면 대부분 분명한 콘셉트를 가지고 작업을 시작한 것을 알 수 있다.

피처링과 콜라보레이션이 큰 히트를 치기도 하고 리메이크가 유행하면서 예전 노래가 사랑받기도 한다. 대중은 '그냥 유행이 그런가 보다'라고 생각할 수 있지만 음악 시장을 움직이는 배경에는 음반 기획자들의 철저한 콘셉트가 숨어 있는 경우가 많다. 그래서 음반 기획자는 시장의 흐름을 잘 파악하는 능력이 필요하다. 흐름을 파악한다는 것은 단순히 최신 유행 스타일을 카피하는 것이 아니다. 과거부터 현재까지 지역별, 세대별 취향이 어떠했는지, 무엇 때문에 음악 시장이 변했는지, 영향력 있는 뮤지션 한 명이 어떻게 음악 판도를 바꿨는지 다방면으로 시장을 분석할 수 있어야 한다. 흐름 파악의 목적은 결국 미래 예측이다. 심도 있게 시장을 분석하다 보면 다가올 트렌드를 예측하는 안목을 키울 수 있다.

이유 있는 기획

음반 기획자는 여러 사람과 회의를 반복하며 음반을 준비한다. 따라서 제작자나 프로듀서, 가수를 설득할 수 있는 기획력이 있어야 한다. 능력 있는 기획자는 자신의 기획에 늘 이유가 있다. '그냥 요즘 유행이 이러니까', '느낌이 좋아서'와 같은 추상적인 표현으로는 함께 일하는 동료를 설득할 수 없다. 외국의 음악 트렌드나 해당 가수에 대한 대중의 인식, 사회 전반적인 문화 현상 등을 근거로 이유 있는 기획을 만들어야 한다. 때로는 새로운 기획이 아니더라도 유행하는 트렌드에 새로움을 가미한 시도가 필요하다. 제일 먼저 시작은 못했지만, 단점을 보완하여 더 좋은 결과를 만드는 후발 주자가 늘 있기 때문이다.

음반 제작 진행

기획자가 음반 제작에 관여할 때 주의해야 하는 점은 뮤지션과 심도 있는 대화를 해야 한다는 것이다. 노래 제목은 왜 이렇게 지었는지, 앨범의 콘셉트는 무엇인지, 가사의 포인트라고 생각한 부분은 어디인지 세세하게 설명할 수 있어야 한다. 기획자는 오랜 시

음반 기획자는 여러 담당자와 지속적인 커뮤니케이션을 해야 한다.

간 앨범을 준비했기 때문에 앨범에 대한 이해도가 높지만, 뮤지션은 그렇지 못할 수도 있고 기획자와 생각이 다를 수도 있기 때문이다. 대화할 때 뮤지션을 존중하는 자세를 잊어서는 안 된다. 뮤지션의 의견을 최대한 경청하면서 음반 기획자로서 아낌없이 충고하는 균형 감각이 필요하다.

2. 음반 기획자, 이렇게 준비하자.

음악과 마케팅, 두 마리 토끼를 잡아라

음반 기획은 음악에 대한 여러 가지 경험과 지식 그리고 마케팅 능력이 있어야 할 수 있다. 음반 기획자는 작곡가나 가수로 활동했던 사람이 많지만, 의외로 광고나 방송에 종사했던 사람도 있다. 음악 콘텐츠를 가지고 기획과 마케팅을 하는 업무이기 때문에 두 가지 영역의 지식과 능력이 다 필요하다. 실용음악 전공이라면 기획 경험을 더 쌓아야 하고, 다른 전공인 경우 음악 분야를 깊게 공부하는 것이 좋다.

돌아가는 길도 있다

처음부터 음반 기획을 담당하지 않더라도 작곡이나 프로듀서, 신인 개발과 같은 업무를 하다가 음반 기획으로 전향하는 경우도 많다. 음악 산업에 있다 보면 그만큼 다양한 내공이 쌓이기 때문이다. 따라서 음반 기획자가 목표라도 기획사의 다른 업무 부분에 지원해 보는 것을 추천한다. 엔터테인먼트 산업에서 계속 일하다 보면 준비된 능력을 어필할 기회가 오기 마련이다.

개인 음원을 발매하자

기획사에 취업하기 전 음원을 발매해 보는 것도 좋은 경험이 될 수 있다. 다만 가수나 작곡가의 포지션이 아닌 기획자의 포지션으로 접근하기 바란다. 학생들이 만든 음원을 보면 그냥 평소에 잘하고 좋아하는 노래를 발표하는 경우가 많은데, 그것보다 사전 기획에 따라 노래 제목, 곡의 장르와 분위기도 정해보자. 기획이 있으면 홍보 방법도 생각하기가 쉬워진다. 이런 경험을 하다 보면 음반 기획에 있어 자신이 잘하는 부분과 부족한 점을 파악할 수 있다.

음반 기획자! 이것이 궁금해요?!

Q1. 팀보다 혼자 하는 작업을 좋아합니다. 음반 기획자로 활동하는데 괜찮을까요?

음반 기획자는 업무의 전 영역에 있어 많은 사람과 대화해야 합니다. 평소 사람들과 이야기하는 것을 어렵게 느낀다면 진지하게 진로를 고민할 필요가 있습니다. 음반 기획자는 제작자, 뮤지션, 엔지니어 등 앨범 제작에 관여된 거의 모든 사람과 일하므로 외향적인 성격이 유리합니다.

Q2. 기획사에서 음반 기획자를 자주 뽑는 편인가요?

콘셉트가 있는 음원 제작이 중요해지면서 음반 기획자의 수요가 늘어나고 있습니다. 기획사마다 음반 기획자나 A&R 관련 채용이 자주 있는 편입니다. 하지만 유명 기획사의 경우 신입보다 경력직 모집이 많기 때문에 일단 기획사 규모가 작더라도 관련 업무를 시작하는 것이 좋습니다.

Q3. 정말 음반 기획자가 되고 싶은데 부모님은 안정적이지 않다며, 오래 일할 수 있는 직업을 선택하라고 하십니다. 음반 기획자는 수명이 짧은 직업인가요?

최근 들어 인식이 많이 개선되었지만, 아직도 일부 부모님은 엔터테인먼트 회사라고 하면 걱정을 먼저 하시는 게 사실입니다. 다 자식을 사랑하는 마음이겠죠. 음반 기획자는 능력을 인정받으면 오랫동안 활동할 수 있는 직업입니다. 경력이 쌓일수록 업무 능력도 좋아지고 기획이 성공할 확률도 높아집니다. 다만 끊임없이 창의적인 활동을 하므로 정신적 피로가 높고, 최신 트렌드 공부도 게을리하지 않아야 합니다. 어떤 분야든 자신의 역량을 잘 발휘하면 안정적으로 일할 수 있을 겁니다. 부모님께 음반 기획자란 직업을 잘 설명해 드리길 바랍니다.

07. 신인 개발팀

신인 개발팀은 연예인이 될 만한 재능과 끼가 있는 사람을 발굴하는 일을 한다. 엔터테인먼트 사업에 대한 전반적인 이해가 필요하고, 신인들의 연습부터 콘셉트를 잡는 일까지 전반적인 육성에 관한 업무를 맡는다. 대형 기획사의 경우 해외에서도 활발하게 신인을 캐스팅한다.

♬ 나는 신인 개발에 잘 어울리는 사람일까?

Check Point 안목, 책임감, 센스, 인내	매우 아니다	아니다	보통 이다	그렇다	매우 그렇다
적극적이고 외향적인 성격이다.	○	○	○	○	○
사람을 보는 안목이 있다.	○	○	○	○	○
SNS를 다양하게 활용할 수 있다.	○	○	○	○	○
계획에 따라 스케줄을 짜고, 잘 지킨다.	○	○	○	○	○
누군가의 성장을 돕는 일이 기쁘다.	○	○	○	○	○
음악 시장에 대한 지식이 있다.	○	○	○	○	○
책임감과 긍정적인 마인드를 가지고 있다.	○	○	○	○	○
주변 사람들의 장점을 잘 파악한다.	○	○	○	○	○
목표가 생기면 인내심을 갖고 끝까지 해내는 편이다.	○	○	○	○	○

※ 본 설문은 관련 종사자들의 의견으로 작성된 참고용 자료입니다.
해당 직업에 대한 절대적 기준이 아니며, 다른 의견도 있음을 알려드립니다.

매우 그렇다(5점) / 그렇다(4점) / 보통이다(3점) / 아니다(2점) / 매우 아니다(1점)

40~45점 당신을 위한 직업이군요.
30~39점 해당 분야에 재능이 있습니다.
20~29점 해당 직업에 대한 진지한 고민이 필요합니다.
20점 이하 다른 분야를 먼저 살펴보세요.

1. 신인 개발팀, 이런 일을 한다.

신인 개발팀의 가장 중요한 업무는 캐스팅이다. 캐스팅은 오디션과 길거리 캐스팅으로 나눌 수 있다. 오디션은 공개 모집을 하거나, 기획사와 연계된 학원과 함께 진행하기도 한다. 직접 캐스팅을 할 때는 각종 오디션 현장, 댄스대회, 노래자랑, 학교 축제 등을 찾아간다. 최근에는 SNS를 통해 캐스팅하는 일이 많아졌다.

캐스팅

대형 기획사의 신인 개발 담당은 하루에 200명 이상의 지망생을 만나는 경우도 있다. 짧은 시간에 많은 사람을 만나야 하기 때문에 기획사마다 캐스팅 기준을 가지고 있다. 신인 개발팀은 회사의 기준에 담당자의 안목을 더해 연습생을 캐스팅한다. 아이돌 가수는 어린 나이에 데뷔하는 경우가 많기 때문에 트레이닝을 통한 성장 가능성을 중점적으로 보고 나이가 올라갈수록 비주얼과 끼, 재능을 모두 엄격하게 심사하는 편이다. 최근 들어 해외 캐스팅도 많아지고 있어서 신인 개발팀 업무를 희망한다면 외국어를 잘하는 것이 유리한 조건이 되고 있다.

연습생 트레이닝

연습생 트레이닝도 신인 개발팀의 업무이다. 먼저 다양한 과정으로 선발한 연습생을 수개월간 트레이닝 한다. 그 후 개인별 성과를 보고 강사, 신입 개발팀, 프로듀서 등 담당자의 회의를 거쳐 가능성이 높은 연습생을 따로 선발한다. 선발된 연습생은 더 구체적이고 강도 높은 트레이닝을 받으며, 지속적인 테스트로 데뷔 가능성을 평가받는다. 가수 지망생이 받는 가장 기본적인 트레이닝은 발성과 호흡, 노래하는 자세, 스탠더드 댄스 등이 있다.

신인 개발팀의 업무 중 가장 힘든 일 중 하나가 연습생을 교육하는데 드는 감정적 소모이다. 가수를 지망하는 연습생은 대체로 개성이 강한 편이고, 데뷔 과정에서 생기는 미묘한 신경전이 늘 있기 때문이다.

연습생을 지도하면서 감정적 소모를 겪기도 한다.

홍보는 연습생 때부터

규모 있는 기획사의 연습생은 데뷔 전부터 이미 많은 팬들의 사랑을 받는다. 이때도 신인 개발팀의 노력이 깔려있다. 신인 개발팀은 각종 SNS 계정을 관리하며 연습생의 트레이닝 영상이나 사진을 노출한다. 데뷔 전부터 대중의 관심을 받은 연습생은 데뷔와 동시에 팬덤의 지지를 받아 확실한 자리매김을 하기 때문이다.

2. 신인 개발팀, 이렇게 준비하자.

음악 시장에 대한 이해가 필요하다

가수 지망생을 캐스팅하는 안목은 타고나는 것이 아니다. 대중음악 시장에 대한 이해와 트렌드를 읽는 노력으로 안목이 점차 생겨나는 것이다. 그래서 신인 개발팀 인력을 뽑을 때 실용음악이나 엔터테인먼트 전공 학생을 선호하는 분위기가 있다. 해당 전공이 아니더라도 음악 시장에 늘 관심을 갖는 노력이 필요하다.

기획사 면접은 미리 준비하자

기획사 공채의 경우 압박 면접이 있는 편이다. 예를 들어 '한 시간을 주면 어디에 가서 캐스팅할 것인가?', '우리 회사에서 미스 캐스팅한 연예인은 누구 같은가?'와 같이 면접자의 순발력이 필요한 질문이 많다. 이런 질문에 잘 대답하기 위해서는 평소 캐스팅에 대한 자신의 철학은 물론 해당 기획사의 기준을 나름대로 정리해 두는 것이 좋고, 소속 연예인에 대한 정보도 미리 알고 있어야 한다.

대형 기획사의 경우 외국어로 자기소개를 시키거나 간단한 질문에 대답해야 하는 경우도 있으니 평소 영어 공부도 게을리하지 않기를 바란다. 영어 이외의 제2외국어를 유창하게 한다면 면접에서 가산점을 받을 수 있다.

감정 기복이 심하지 않아야 한다

신인 개발팀은 어린 학생들을 상대하는 업무가 많기 때문에 교육자 같은 인성이 필요하다. 신인 개발 담당자의 한마디가 연습생의 인생을 바꿔 놓을 수도 있기 때문이다. 불안한 미래를 걱정하는 연습생에게는 따뜻한 격려를 할 수 있어야 하고, 안일한 태도를 보이거나 분위기를 해치는 연습생에게는 따끔한 충고를 해야 한다. 신인 개발팀 업무를 희망하는 사람은 감정 기복이 심하지 않아야 하며, 정신 노동의 강도가 높다는 점도 기억해야 한다.

사무 업무도 척척

신인 개발팀은 캐스팅과 관련된 각종 문서 작성, 전화 응대, 결과 보고서 제출과 같은 사무 업무도 한다. 따라서 기본적인 문서 작성 능력이 필요하다. 가끔 음악을 전공한 학생들의 경우 사무 업무라면 손사래를 치는데, 기획사 근무를 희망한다면 일정 수준의 문서 처리 능력을 갖추자.

신인 개발팀! 이것이 궁금해요?!

Q1. 신인 개발팀의 연봉과 근무 환경은 어떻게 되나요?

기획사마다 차이가 있지만, 신입의 경우 중소기업 신입사원 정도의 연봉으로 시작합니다. 경력이 쌓이고 자신이 캐스팅한 연습생이 스타가 되는 경우 좋은 조건의 스카우트 제의가 많은 편입니다. 기획사 근무는 일반 회사처럼 주 5일제입니다. 하지만 오디션 행사가 주로 주말에 열리기 때문에 신인 개발팀은 주말 근무가 자주 있습니다. 또한 학교 근처나 번화가에서 캐스팅하기 위해 저녁에 움직이는 경우도 많습니다. 따라서 업무 시간이 탄력적이라고 생각해야 합니다.

Q2. 연주를 전공했지만, 진로에 대해 다시 고민하고 있습니다. 신인 개발팀 업무도 괜찮을까요?

먼저 자기의 적성과 장점이 무엇인지 확인하는 시간이 필요합니다. 간혹 기획사 업무에 환상이 있는 학생들이 있는데, 기획사는 생각보다 뛰어난 전문성과 끈기가 없으면 오래 일하기 힘든 분야입니다. 음악 산업에 종사하기로 마음을 정했다면 특정 업무를 가리지 말고 일단 일을 시작하는 것을 추천합니다. 연주 전공으로 신인 개발팀을 지원한다면 지망생의 음악적 가능성을 더 잘 알아볼 수 있을 겁니다.

1. 기획사의 신인 개발팀은 구체적으로 어떤 일을 하는 건가요?

부서명이 말해주는 것처럼 '신인 개발팀'은 말 그대로 신인을 발굴하는 일을 합니다. 업무는 크게 캐스팅과 트레이닝으로 나뉩니다. 캐스팅은 회사에서 원하는 가수를 찾는 일이고, 트레이닝은 그렇게 발굴한 연습생이 데뷔할 수 있도록 지원하는 일입니다.

2. 신인 개발 업무를 시작하게 된 계기가 있으신가요?

아마 이 책을 보고 있는 독자들도 제가 경험한 진로 고민을 하고 있을 거라고 생각합니다. 저는 학창 시절 보컬 트레이너란 꿈을 갖고 실용음악을 공부했습니다. 이 일을 하기 전 실제로 여러 기관에서 트레이너로 활동했습니다.

그런데 시간이 지나면서 그토록 원하던 일을 하는데도 마음 한편 무언가 아쉬움이 있었습니다. 이런 감정이 저에게 상실감을 주기도 했습니다. 진로를 다시 고민하며 음악 관련 일을 계속하면서 좀 더 다양하고 폭넓은 일을 경험할 수 있는 엔터테인먼트 업무를 희망하게 되었습니다.

3. 실용음악을 전공하면 신인 개발 일을 할 때 어떤 장점이 있을까요?

신인 개발은 단순히 회사 차원에서 좋은 사람만 뽑는 것이 아닙니다. 신인 개발팀은 특별히 지원자의 가능성을 알아봐야 합니다. 이 지원자가 당장은 부족하지만, 앞으로 어느 정도까지 성장할 수 있을지 잠재력을 가늠하는 부분에 음악 전공은 분명히 도움이 됩니다.

또한 대중이 무엇을(음악, 음색, 춤, 캐릭터, 비주얼 등) 좋아하는지 파악하기 위해 음악 시장에 대한 이해도가 있어야 합니다. 실용음악 전공자가 대중음악에 대한 지식이나 이해도에서 다른 전공자보다 조금 유리한 면이 있다고 생각합니다.

4. 신인 개발팀 업무를 하면서 언제 가장 보람을 느끼시나요?

제가 캐스팅한 연습생이 데뷔했을 때 가장 보람을 느낍니다. 비록 데뷔가 아니더라도 오디션 프로그램이나 여러 매체에 소개되고 반응이 좋은 경우도 그렇습니다. 아무래도 데뷔할 때까지 오랜 시간 공을 들이고 매일 얼굴을 보고 지내다 보니 이 친구들이 잘될 때 정말 보람을 느낀답니다.

5. 신인 개발팀 근무 중, 가장 힘든 점은 무엇인가요?

캐스팅의 경우, 제가 원하는 지망생이 제가 원하는 장소와 때에 나타나지 않을 확률이 훨씬 높습니다. 그래서 하염없이 기다리고 돌아다녀야 하는 일이 많습니다. 이 부분이 가장 힘듭니다.

트레이닝 분야는 연습생 모두를 일대일로 관리할 수 없어서 현실적으로 똑같이 신경을 써주는 것이 어렵습니다. 이런 부분 때문에 사소한 오해도 많고 직원도 사람인지라 감정 소모가 심한 편입니다. 이 일을 하다 보면 가끔 금방 지쳐버리는 경우가 있는데 이런 점이 힘들다고 할 수 있습니다.

6. 신인 개발팀(혹은 기획사)에서 일하려면 어떤 준비를 하는 게 좋을까요?

다음 4가지를 준비하기 바랍니다.

1. 음악적 소양

엔터테인먼트 회사는 대중음악을 하는 곳이기에 대중음악 시장 및 트렌드에 대해 잘 알고 있으면 취업에 도움이 됩니다. 음악 방송 모니터, 다양한 커뮤니티 활동 등을 통해 폭넓은 시야를 갖는 노력이 필요합니다.

2. 외향적인 성격

신인 개발팀의 업무를 요약하면 모르는 사람을 회사로 데려오고, 계속 데리고 있는 일입니다. 그래서 처음 보는 사람에게도 살갑게 말을 건넬 수 있는 붙임성 있고 밝은 성격이 어느 정도 필요합니다. 참 다양한 사람을 만나기 때문에 조심성이 많은 성격은 조금 힘들 수 있습니다.

3. 외국어 실력

해외 오디션과 캐스팅도 자주 있고 외국인 연습생이 들어오는 경우도 있기 때문에 외국어를 잘하는 것이 좋습니다. 음반 제작에서도 해외 작곡가와 작업이 많아지는 추세입니다. 국내를 넘어 해외에서 비즈니스가 일어나기 때문에 외국어를 잘하는 것은 취업에 많은 도움이 됩니다.

4. 교육자 마인드

엔터테인먼트 연습실에는 전국 각지에서 온 끼 있고 튀는 연습생이 모여 있습니다. 개개인의 성격, 실력, 살아온 환경 등 모든 것이 다른 사람들이 한 곳에 뭉쳐 있다 보니, 크고 작은 일이 정말 많이 일어납니다. 그래서 학교 선생님처럼 이 친구들을 계속 관찰하고 지도하는 일이 필요합니다. 때로는 따끔한 충고를 해야하고 동시에 아이들을 관심과 사랑으로 이끌어야 합니다.

7. 관련 업무를 희망하는 후배들에게 한 말씀 부탁드리겠습니다.

제가 하는 일을 많은 분들이 궁금해합니다. 실제로 일에 관한 질문을 자주 받는데 그때마다 어떻게 답변할까 고민을 합니다.

한 가지 확실한 건 엔터테인먼트 업무는 단순한 호기심이나 동경, 열정만으로는 버티기 힘듭니다. 생각보다 많은 부분에서 인내와 희생이 필요합니다. 그럼에도 하나씩 이 일을 해낸다면 그에 상응하는 보람이 있습니다. 대중이 즐기는 콘텐츠에 내가 참여하면서 느낄 수 있는 희열은 이 일이 주는 보너스입니다.

저도 엔터테인먼트에서 근무하기 위해, 하던 일을 다 정리하고 서울로 와서 첫 직장을 얻기까지 약 1년간, 15번의 면접을 보았습니다. 엔터테인먼트 입사를 희망하는 모든 분을 응원합니다. 포기하지 말고 끝까지 파이팅입니다!

원대연 대표

現 고리 에이전시 대표
前 쏘스뮤직 신인 개발팀
前 미스틱 엔터테인먼트 신인 개발팀
우송정보대학 실용음악과 졸업
예지원 아트스쿨, 대전시민대학 등 보컬트레이너

08. A&R Team

A&R은 Artist and Repertoire의 약자로, 아티스트 발굴부터 음반 기획, 제작, 관리, 음악 시장 파악 등 기획사의 전반적인 업무를 관할하는 부서이다. 일반 회사와 비교하면 전략 기획실 정도가 되겠다. A&R은 음반이 나오기까지 모든 과정에 참여해 방향을 제시하고, 각 스태프와 거래처도 관리한다.

♬ 나는 A&R에 잘 어울리는 사람일까?

Check Point 커뮤니케이션, 분석력, 콘셉트, 균형 감각	매우 아니다	아니다	보통 이다	그렇다	매우 그렇다
음악에 대한 나만의 뚜렷한 견해가 있다.	○	○	○	○	○
문화, 예술, 음악에 관련된 책을 자주 읽는다.	○	○	○	○	○
음악과 사업에 대한 균형 감각을 갖고 있다.	○	○	○	○	○
트렌드에 민감하며 유행을 잘 파악한다.	○	○	○	○	○
사교성이 좋고 조직 생활을 잘한다.	○	○	○	○	○
맡은 일은 책임감을 갖고 꼭 해내는 편이다.	○	○	○	○	○
자료를 분석하고 정리하는 데 자신이 있다.	○	○	○	○	○
갈등 해결 능력이 있다.	○	○	○	○	○
사무적인 컴퓨터 활용 능력을 갖추고 있다.	○	○	○	○	○

※ 본 설문은 관련 종사자들의 의견으로 작성된 참고용 자료입니다.
해당 직업에 대한 절대적 기준이 아니며, 다른 의견도 있음을 알려드립니다.
매우 그렇다(5점) / 그렇다(4점) / 보통이다(3점) / 아니다(2점) / 매우 아니다(1점)

40~45점 당신을 위한 직업이군요.
30~39점 해당 분야에 재능이 있습니다.
20~29점 해당 직업에 대한 진지한 고민이 필요합니다.
20점 이하 다른 분야를 먼저 살펴보세요.

1. A&R, 누구냐 넌?

A&R은 정확히 이런 일을 한다라고 말하기 어려운 분야이다. 그만큼 음반 제작 전반에 걸쳐 다양한 역할을 하고 있다. 앞에서 알아본 음반 기획자나, 신인 개발팀의 업무도 A&R의 영역에서 다룰 수 있다.

실제로 기획사마다 A&R의 직무는 조금씩 차이가 있어서 A&R이 하는 일을 단정 지어 말하기는 어렵다. 그럼에도 A&R을 정의해 본다면 이름에서 힌트를 얻을 수 있는데, 먼저 A&R은 아티스트&레퍼토리(Artist and Repertoire)를 줄여 부르는 말이다. 아티스트는 기획사의 가수를 말한다. 레퍼토리는 우리가 아는 그 단어가 맞다. '레퍼토리가 식상하다'라고 할 때 쓰는 연주 목록을 말한다. 즉, A&R은 기획사의 가수와 노래를 관리하는 업무를 한다. 가수와 노래는 기획사의 핵심 자산이다. 그래서 A&R은 엔터테인먼트 산업에서 아주 중요한 포지션을 차지하고 있다.

콘셉트 도출부터 프로젝트 관리까지

A&R은 신인 개발팀처럼 가수를 발굴하기도 하고 음반 기획자처럼 제작 기획을 담당하기도 한다. 이런 업무와 함께 A&R이 가장 주도적으로 수행하는 일은 음반 콘셉트에 맞춰 제작과 관련된 사항들을 관리하는 업무이다. 예를 들어 앨범의 콘셉트가 정해지면 잘 어울리는 작곡가와 작사가를 섭외하고 가수의 비주얼을 담당할 스타일리스트를 정하고, 뮤직비디오 감독과 사진 작가를 섭외하는 것도 A&R의 업무이다. 업무를 진행하면서 발생할 수 있는 계약적인 문제나 아티스트 관리도 A&R이 주도한다. 한마디로 제작과 관련된 대부분의 매니지

먼트 업무를 A&R이 하고 있다. 따라서 A&R은 일 처리가 탁월하고 관리 능력이 뛰어나야 한다.

곡 수집

앨범에 수록할 노래를 수집하는 것도 A&R의 몫이다. 앨범 콘셉트가 정해진 상태에서 어울리는 노래를 찾기도 하고, 여러 곡을 들으면서 콘셉트를 도출하기도 한다. 정말 많은 양의 노래를 들어야 하므로 음악을 좋아하고 음악에 익숙한 사람이어야 한다. 곡의 콘셉트를 캐치하고 선택한 곡을 배치하는 것도 A&R이 하는 일이다. 물론 이 모든 과정에서 프로듀서, 작곡가, 작사가, 안무가와 계속해서 회의를 진행한다. 특히 아이돌의 경우 콘셉트가 더욱 중요하기 때문에 A&R이 어떤 곡을 선택하느냐에 따라 성공 여부가 달라지기도 한다.

요즘은 국내뿐만 아니라 해외 뮤지션에게 곡을 받는 일이 빈번한데 이때 해외 뮤지션과 연락하고 협의를 진행하는 것도 A&R이다. 따라서 대형 기획사의 경우 해외 업무만 전문적으로 담당하는 A&R을 뽑기도 한다. 능력 있는 A&R이 되기 위해서는 좋은 곡을 알아보는 음악적 감각과 외국어 능력이 필수이다.

2. A&R, 이렇게 준비하자.

관련 학과 진학

A&R은 연주나 작곡 같은 음악 작업을 하지는 않지만, 음악 비즈니스에 대한 깊은 이해가 필요하다. 따라서 음악과 비즈니스를 동시에 공부할 수 있는 전공이 좋다. 예술 경영, 엔터테인먼트 경영, 공연 기획, 뮤직 비즈니스, 연예 기획 등이 관련 전공이다. 또한 앞서 언급한 전공은 다른 실용음악과보다 성적 반영 비율이 높은 편이므로 평소 성적 관리를 꼼꼼히 해야 한다. 물론 이런 전공만 A&R에 유리한 것은 아니다. 평소 음악 산업 전반에 관심을 두고 비즈니스 능력을 겸비한다면 누구나 A&R에 도전할 수 있다.

외국어는 유창하게

최근 들어 A&R을 뽑을 때 외국어 능력을 중요하게 보는 경향이 뚜렷해지고 있다. 아예 A&R 지원 공고에 외국어 능통자 우대라고 명시된 것을 볼 수 있다. A&R에서 외국어 능력이 중요한 이유는 앞에서 언급한 대로 해외 뮤지션과의 협업이 늘어나고 있기 때문이다.

A&R은 해외 뮤지션과 업무를 할 수 있기 때문에 영어 이메일 작성 같은 비즈니스 외국어를 알아야 한다.

해마다 국내 가요 시장에서 해외 뮤지션의 영향력은 커지고 있다. 이들과 진행하는 대부분의 업무를 A&R이 담당하기 때문에 외국어 능력이 필수 조건이 되고 있다. 실제로 현업에서 활동하는 A&R은 대부분 영어를 잘하는 편이다.

다양하게 많이 들어야 한다

A&R의 주요 직무 중 하나는 곡 수집이기 때문에 정말 다양한 노래를 많이 들어야 한다. 음악 듣기를 좋아하지 않는 사람이라면 A&R에 어울리지 않는다. 곡의 인트로만 들어도 어떤 장르이고 어떤 분위기의 음악인지 예상할 정도로 센스가 좋아야 한다. 가요뿐만 아니라 빌보드, UK 차트 같은 해외 노래도 꾸준히 듣는 노력이 필요하다.

A&R Team! 이것이 궁금해요?!

Q1. 기획사 채용 공고에 A&R은 없고 신인 개발과 프로듀서 모집이 올라왔습니다. A&R을 꿈꾸고 있는데 지원해도 괜찮을까요?

기획사 공개 모집에 지원할 때 A&R 직무만 고집하지 말고 신인 개발이나 프로듀싱, 음반 기획과 같은 유관 업무에도 관심을 두는 것이 좋습니다. 규모가 작은 기획사는 A&R 팀이 따로 없는 경우가 있기 때문에 배우고자 하는 자세로 다양한 분야에 도전해 보기 바랍니다.

Q2. A&R 모집 공고는 어디서 볼 수 있나요?

소규모 기획사의 경우 홈페이지를 운영하지 않는 곳도 있어서 일반 구인 구직 사이트에 A&R 모집 공고를 내는 편입니다. '사람인'이나 '잡코리아' 같은 구인 구직 사이트를 수시로 확인해야 합니다.

Q3. 대화에 항상 조심스러운 성격인데, 괜찮을까요?

A&R 업무는 정말 다양한 사람들과 의견을 나누는 일이 많습니다. 여러 사람 앞에서 자료를 발표하는 경우도 있죠. 그뿐만 아니라 곡이나 의상, 뮤직비디오 등 수많은 선택에서 '이게 더 나을 것 같은데…'라는 생각이 들면 적극적으로 자신의 의견을 어필해야 하는 순간이 빈번하게 있습니다. 상대방을 배려하며 이야기하는 습관은 좋지만, 대화 자체를 힘들어한다면 A&R 업무에 대해 조금 더 신중하게 생각해 보기 바랍니다.

03

가르치며 할 수 있는 일

09. 학원 강사

많은 이들이 학원 강사를 지원할 때, 상대적으로 졸업 학교가 유명하지 않다는 점을 고민한다. 하지만 꼭 학교의 유명세가 학원 강사 취업과 비례하지 않는다. 일부 실용음악학원의 경우 특정 대학 졸업생을 선호하는 경향이 있지만, 대부분의 학원은 지원자의 학교뿐만 아니라 음악 경력, 성실함, 교육 능력을 중요하게 생각한다.

♬ 나는 학원 강사에 잘 어울리는 사람일까?

Check Point 성실함, 관리 능력, 좋은 인상, 시간 약속	매우 아니다	아니다	보통 이다	그렇다	매우 그렇다
나만의 음악적 노하우가 많다.	○	○	○	○	○
음악적 배경지식이 다양한 편이다.	○	○	○	○	○
신뢰를 주는 인상이라는 소리를 자주 듣는다.	○	○	○	○	○
학생들과 이야기하는 데 부담이 없다.	○	○	○	○	○
시간 약속을 철저히 지킨다.	○	○	○	○	○
아침보다 오후나 밤에 일하는 것을 좋아한다.	○	○	○	○	○
일이 있으면 미리 준비하는 편이다.	○	○	○	○	○
적당히 자랑하는 것을 즐긴다.	○	○	○	○	○
새로운 사람을 만나는 일이 즐겁다.	○	○	○	○	○

※ 본 설문은 관련 종사자들의 의견으로 작성된 참고용 자료입니다.
해당 직업에 대한 절대적 기준이 아니며, 다른 의견도 있음을 알려드립니다.

매우 그렇다(5점) / 그렇다(4점) / 보통이다(3점) / 아니다(2점) / 매우 아니다(1점)

40~45점 당신을 위한 직업이군요.
30~39점 해당 분야에 재능이 있습니다.
20~29점 해당 직업에 대한 진지한 고민이 필요합니다.
20점이하 다른 분야를 먼저 살펴보세요.

1. 학원 강사가 하는 일

실용음악학원 강사는 자신의 전공을 살려 주로 입시생이나 취미생을 가르친다. 흔히 학원 강사는 수업만 한다고 생각하기 쉬운데 학생을 지도하고 관리하는 일의 비중도 상당한 편이다.

수업 준비가 곧 실력이다

가르치는 일을 잘하려면 철저한 수업 준비를 해야 한다. 많은 사람이 실력이 좋으면 가르치는 일도 잘할 것이라고 생각하지만, 음악을 잘하는 것과 잘 가르치는 것은 별개의 일이다. 내가 그동안 봐왔던 좋은 강사들은 음악 실력보다는 모두 수업 준비를 철저히 하는 사람이었다. 훌륭한 강사는 수준별 맞춤 강의를 계획하고, 그날그날 학생에게 가르칠 분량을 체크하며, 어떤 방식으로 설명하면 좋을지 시뮬레이션을 하면서 수업 자료를 준비한다.

강사는 학생의 입장에서 생각하고 설명하는 노력이 필요하다. 강사는 대학에서 음악을 전공해서 업계 용어에 익숙하지만 학생은 그렇지 않을 가능성이 매우 높다. 학생의 수준을 고려하여 잘 이해할 수 있는 언어와 표현으로 수업을 준비해야 한다.

학생 관리도 강사의 몫

특히 실용음악학과 입시생을 가르칠 경우 대학 입학 스케줄과 유형에 맞춘 전략적인 수업을 진행해야 한다. 입시를 앞둔 학생은 여러 가지 스트레스로 불안감을 느낄 때가 많기 때문에 적절한 상담과 격려도 중요하다. 슬럼프에 빠졌거나 시험 준비에 성실하지 못한 학생에게는 따끔한 질타를 할 줄도 알아야 한다. 학생을 잘 관리하려면 먼저 강사가 시간 약속이나 강의 태도에 모범적인 모습을 보이자.

2. 학원 강사 이력서 작성과 면접 요령

꼼꼼한 이력서를 작성하라

처음으로 학원 강사 구직을 하는 경우 이력서를 꼼꼼하게 쓰기가 쉽지 않다. 하지만 이력서 한 장만으로도 그 사람의 세심함을 엿볼 수 있으므로 이력서 작성 시 오타, 비문, 인적 사항에 대한 정보 누락이 없는지 반드시 살펴보아야 한다. 증명사진도 꼭 붙이자. 사진이 있을 때 지원자에 대한 신뢰도가 올라가는 편이다. 가끔 이력서에 공연 사진을 넣는 사람이 있는데 구인하는 입장에서 보면 좋은 방법이 아니다. 일반적인 증명사진을 붙이는 것이 좋다.

경력은 내세울 만한 것부터 적는다

보통 이력서는 최근 순서대로 경력 사항을 적지만, 학원 강사의 이력서는 되도록 내세울 만한 경력을 위에 배치하는 것이 유리하다. 유명 방송국이나 대형 기획사 경력이 있으면 좋고, 그런 경험이 없다면 간단한 스태프로 참여한 일이라도 적어야 한다. 그다음 배치할 이력은 강사 경력이다. 1개월 정도로 짧게 일한 경력은 적지 않는 것이 좋다. 대부분의 학원은 오래 일할 강사를 원하기 때문에 짧은 경력은 마이너스 요소가 되기도 한다.

대학을 막 졸업한 강사 구직자는 음악 경력이 다양하지 않을 수 있다. 이때도 학교에서 진행했던 학기 말 공연, 졸업 공연, 음반 발매 등을 빠짐없이 적는 것이 좋다. 버스킹을 정기적으로 했다면 이력서에 꼭 넣자.

신뢰를 주는 스타일링과 인상이란?

면접 당일은 최대한 호감형 비주얼로 준비하자. 예술을 가르치는 일이라 생각한 나머지 너무 튀는 의상이나 편한 옷을 입고 오는 사람이 가끔 있는데 추천하지 않는다. 일반 정장은 과할 수 있고, 세미 정장이나 비즈니스 캐주얼 정도가 좋다.

지각하지 말자

면접 시간에는 절대 늦지 말아야 한다. 대다수 원장이 가장 싫어하는 강사는 바로 출퇴근 시간을 지키지 않는 사람이다. 음악 실력이 뛰어나더라도 지각하는 강사는 좋은 평가를 받을 수 없다. 특히 수업 당일 스케줄을 바꾸는  경우 강사 개인뿐만 아니라 학원에 대한 학생들의 신뢰도 떨어지기 마련이다.

꾸준한 음악 활동은 필수, 자기 어필은 옵션

학원 밖에서 유명 경력을 쌓는 일은 학원과 학생의 신뢰도에 큰 영향을 준다. 학원에서는 이런 강사의 경력을 강조하며 학생을 유치하기도 한다. SNS를 통해 개인 홍보를 갈히는 사람이 인기 강사가 되기도 하므로 자신의 연주 동영상이나 음악에 대한 의견을 정기적으로 올리는 것도 좋은 방법이다.

학원 강사! 이것이 궁금해요?!

Q1. 학원 강사의 경우 급여 체계가 어떻게 되나요?

실용음악학원 수업은 보통 강사와 학생의 1:1 레슨으로 진행됩니다. 학원마다 차이가 있지만 수강료를 학원과 강사가 5:5로 나누는 경우가 많습니다. 학생 한 명의 학원비가 20만 원이라면 학원이 10만 원, 강사가 10만 원을 받는 시스템입니다. 학생이 많을수록 급여가 올라가기 때문에 수업 관리를 잘해야 하고, 학생들과 친밀한 관계를 유지해야 합니다. 화성학, 청음 같은 과목은 단체 수업으로 진행하는 편인데 이때는 시간당 수업비를 받습니다.

Q2. 전업으로 음악 학원 강사를 하는 분도 많나요?

여러 학원에 출강하면서 전업 강사를 하는 분도 많습니다. 하지만 전업 강사라도 대부분 세션이나 작곡, 가이드 보컬 같은 음악 활동을 병행합니다.

Q3. 학원 강사 구인 정보는 어디서 볼 수 있나요?

구인 정보가 가장 활발하게 올라오는 곳은 음악 관련 커뮤니티입니다. 뮬, 미디앤사운드, 실용음악닷컴 같은 사이트를 참고하세요.

10. 방과 후 교사

방과 후 교사는 학교 정규 수업 이후에 진행되는 특기 적성을 교육하는 선생님이다. 수업은 주로 초등학교에서 진행되며 학원 강사에 비해 잘 알려지지 않은 직업이기도 하다. 방과 후 학교는 보통 취미반 수준으로 진행하므로 쉽고 재미있게 가르치는 교사가 유리하다. 학생의 수요에 따라 여러 수업이 개설될 수 있다.

♫ 나는 방과 후 교사에 잘 어울리는 사람일까?

Check Point 계획성, 시간 약속, 유쾌한 성격	매우 아니다	아니다	보통 이다	그렇다	매우 그렇다
우쿨렐레, 기타 같은 악기를 잘 다룬다.	○	○	○	○	○
이론을 재미있게 설명할 수 있다.	○	○	○	○	○
어른에게 예의 있게 행동한다.	○	○	○	○	○
성격이 활달하고 대화를 좋아한다.	○	○	○	○	○
시간 개념이 철저하고 약속을 잘 지킨다.	○	○	○	○	○
자신의 일에 항상 자부심을 갖는 편이다.	○	○	○	○	○
즉흥적이지 않고 계획적으로 행동한다.	○	○	○	○	○
아이들을 좋아한다.	○	○	○	○	○
학부모를 상담하는 일에 부담이 적은 편이다.	○	○	○	○	○

※ 본 설문은 관련 종사자들의 의견으로 작성된 참고용 자료입니다.
해당 직업에 대한 절대적 기준이 아니며, 다른 의견도 있음을 알려드립니다.
매우 그렇다(5점) / 그렇다(4점) / 보통이다(3점) / 아니다(2점) / 매우 아니다(1점)

40~45점 당신을 위한 직업이군요.
30~39점 해당 분야에 재능이 있습니다.
20~29점 해당 직업에 대한 진지한 고민이 필요합니다.
20점 이하 다른 분야를 먼저 살펴보세요.

1. 방과 후 교사는 무슨 일을 할까?

방과 후 교사는 시간 약속을 매우 잘 지켜야 한다. 학교라는 공기관은 개인 사정에 따라 스케줄을 조정할 수 있는 곳이 아니다. 수업은 꼭 시간에 맞춰 시작하고 끝나야 하며 학생보다 일찍 교실에 도착하는 것이 바람직하다.

단체 수업은 즐겁게

방과 후 교실을 진행할 때 가장 어려운 부분은 단체 수업을 이끌어 가는 것이다. 음악을 전공한 사람은 어릴 때부터 일대일 레슨에 익숙하기 때문에 단체 수업의 진도나 난이도 조절에 어려움을 겪는다. 단체 수업을 잘하려면 먼저 학생들의 수준을 빨리 파악하고 평균적인 학습 준비를 해야 한다. 실력이 뛰어나거나 너무 안 좋은 학생의 경우 개인 연습 시간을 활용해서 관리해 주는 것이 좋다. 일부 학생에게 강의가 지나치게 집중되면 수업 자체가 어려워질 수 있다. 악기 수업의 경우 소질이 있는 친구와 부족한 친구를 짝지어주어 효율적으로 수업을 진행하기도 한다.

공개 수업은 어렵지 않게 준비하자

방과 후 교실은 공개 수업을 진행하기도 한다. 학부모가 참석해서 수업을 주의 깊게 지켜보는 시간이므로 어려운 곡보다는 쉽고 대중적인 음악을 준비하는 것이 좋다. 학생도 자신감 있게 참여할 수 있고, 아는 음악이 나와야 부모님의 호응과 만족도가 높은 편이다.

방과 후 수업은 공개 수업을 진행해야 한다.

수업 홍보에는 공연이 좋다

학교 행사에 공연을 올리는 것도 수업 인지도와 만족도를 모두 잡을 수 있는 방법이다. 영어 수업반과 함께 영어 뮤지컬을 기획하는 것도 좋다. 단순히 음악만 하기보다 일반 수업과 연계하여 공연을 하면 호응이 높은 편이다. 학생들이 연주 수준이 높고 수업에 적극적인 경우, 부모님과 지인을 초청해 개별 공연을 진행하는 것도 수업 홍보에 좋은 방법이다.

2. 방과 후 교사, 이렇게 준비하자.

교사 파견 업체를 이용하자

방과 후 교사 구인은 각 지역 교육청 방과 후 학교 홈페이지에 등록된다. 해당 사이트에서 구인 정보를 얻을 수 있을 뿐만 아니라 자신을 직접 구직자로 등록할 수도 있다.

처음 방과 후 교사에 도전할 때는 방과 후 학교 교사 파견 업체를 이용하는 것도 좋은 방법이다. 실제로 회사 소속으로 방과 후 학교에서 활동하는 분이 많다. 나만 학교에서 받는 강의료의 일부를 파견 회사와 나누거나 회사 내규에 따라 수업료를 따로 받기도 한다는 점에 유의해야 한다.

강의안을 작성해 보자

방과 후 학교 지원 시 대개 이력서와 함께 강의 계획안을 제출해야 한다. 강의 계획안은 합격에 중요한 요소이므로 꼼꼼하게 준비하자. 일반적으로 주제, 지도 내용, 준비물을 기준으로 작성하면 된다.

주차	수업일자	강의 주제	지도 내용	준비물
1주차	8월 21일 (목) 14:00	통기타의 구조	통기타의 구조와 명칭을 배우고, 통기타의 역사에 대해 공부한다.	통기타
2주차	8월 28일 (목) 14:00	통기타 지판 외우기	통기타 지판의 계이름을 배우고, 정확히 외울 수 있게 공부한다.	통기타, 피크
3주차	9월 4일 (목) 14:00	기본 코드, 기본 스트로크	쉽게 배울 수 있는 기본 코드와 다운업 스트로크를 연습한다.	통기타, 피크
4주차	9월 11일 (목) 14:00	하이 코드, 칼립소	난이도가 조금 높은 하이 코드와 4/4 박자에 많이 사용하는 칼립소 주법을 배운다.	통기타, 피크

아이들의 눈높이에 익숙해지자

방과 후 교사의 가장 중요한 조건은 아이들을 사랑하는 마음이다. 많은 수업이 초등학교에서 진행되기 때문에 평소 아이들과 있는 시간이 힘든 사람에게는 어려운 직업일 수 있다. 참여하는 학생들의 개성도 다양하다는 점을 기억해야 한다.

방과 후 교사! 이것이 궁금해요?!

Q1. 방과 후 교사의 평균 급여는 어떻게 되나요?

방과 후 교사는 월급이 아닌 시간당 급여를 받습니다. 산정 방법도 학교에 따라 조금씩 다릅니다. 시간당 3~5만 원의 강의료를 합산하여 1개월마다 주는 학교가 많은 편이고, 때로는 학생 수에 따라 수업료를 다르게 지급하는 곳도 있습니다.

Q2. 방과 후 교사의 장단점은 무엇인가요?

가장 큰 장점은 학원이나 개인 레슨에 비해 급여가 안정적입니다. 또한 학원과 개인 레슨은 입시에 따라 수강생 편차가 큰 편인데, 방과 후 교사는 비교적 일정한 수준의 수업을 진행할 수 있습니다. 또한 학교에서 학생들을 가르치기 때문에 보람을 느낄 수 있습니다.

단점은, 학원 강사에 비해 시간이 자유롭지 못합니다. 정해진 수업 시간에 꼭 수업을 해야 합니다. 학교도 대외 활동이 너무 많은 선생님은 방과 후 교사로 선호하지 않는 편입니다.

Q3. 방과 후 수업에서 인기가 높은 과목은 무엇인가요?

일반적으로 악기 수업을 선호합니다. 다만 학교라는 공간의 특성상 일렉 기타나 드럼 같은 수업은 불가능한 경우가 있습니다. 통기타, 우쿨렐레 같은 악기가 인기가 높습니다. 동요 부르기, 합창 같은 보컬 수업도 참여가 많은 과목입니다.

1. 음악 관련 방과 후 교사가 되기 위해서는 어떤 과정을 거쳐야 하나요?

방과 후 수업 과목은 매우 다양하고 과목마다 다른 특징이 있습니다. 그중 음악 과목은 기본적으로 관련 학과를 전공했거나 경력이 있는 분들이 지원합니다. 방과 후 교사가 되기 위해서는 학교별 모집 공고 확인 후 직접 지원하거나, 방과 후 수업 위탁 업체에 강사로 등록하는 방법이 있습니다.

2. 방과 후 교사가 되기 위해서 관련 자격증이 꼭 필요한가요?

방과 후 교사와 관련된 대표적인 자격증은 '방과 후 지도사' 자격증입니다. 방과 후 교사가 되기 위한 필수 자격증은 아니지만 최근 들어 이 자격증을 중요하게 보는 학교가 많아지고 있어서, 전공자나 경력자라도 '방과 후 지도사' 자격증을 준비하는 것이 좋습니다.

3. 음악과 관련 방과 후 수업은 무엇이 있을까요?

교사의 역량에 따라 정말 다양한 과목 개설이 가능합니다. 대표적으로는 피아노, 통기타, 우쿨렐레, 바이올린 같은 악기 수업, 동요 부르기, 보컬 연습과 같은 가창 수업, 뮤지컬, 댄스, 난타와 같은 공연 수업이 있습니다.

4. 수업을 잘하기 위해 특별히 신경 쓰는 부분이 있나요?

아이들의 눈높이에 맞춘 철저한 수업 준비가 필요합니다. 초등학생의 수준에 맞는 설명과 전달이 중요합니다. 아이들도 선생님이 해당 분야의 전문가인지 아닌지를 직감적으로 알아차립니다. 수업을 철저하게 준비해야만 자신감 있게 아이들을 끌고 갈 수 있기 때문에 수업 내용에 많은 신경을 써야 합니다.

5. 방과 후 교사를 하면서 음악 활동을 병행할 수 있을까요?

방과 후 교사는 음악 활동을 하면서 할 수 있는 매우 좋은 직업입니다. 학교마다 조금씩 차이가 있지만, 대부분의 방과 후 수업은 오후 1~5시 사이에 진행됩니다. 저녁 시간을 이용해서 음악 활동을 병행하기 수월한 직업입니다.

6. 좋은 방과 후 교사가 되기 위해 가장 중요한 덕목은 무엇이라고 생각하나요?

첫째도 둘째도 아이들을 사랑하는 마음입니다. 학교 수업은 학생들과 마음이 통해야 가능하기 때문에 아이들을 사랑하는 마음이 없으면 방과 후 교사를 절대 오래 할 수 없습니다. 수업에 참여하는 아이들의 성향이나 개성 또한 각각 달라서 사랑하는 마음 없이는 많은 아이들을 잘 이끌어 갈 수 없습니다.

7. 방과 후 교사를 하면서 가장 힘들 때와 가장 보람될 때를 말씀해 주세요.

아이들이 우리 수업이 가장 재미있다고 했을 때와 적극적으로 참여해서 좋은 모습을 보일 때 가장 보람을 느낍니다. 나의 작은 준비로 아이들이 점점 성장하는 모습을 보면 정말 뿌듯합니다. 반대로 가장 힘이 들 때는 아이들이 잘 따라주지 않을 때입니다. 교사가 준비한 내용을 100% 펼치기 어렵고 아이들이 흥미를 잃은 것처럼 보이면 가장 힘이 빠집니다.

8. 방과 후 교사에 관심이 있는 학생들에게 조언 부탁드립니다.

기본적인 덕목을 잘 갖춘 분이 방과 후 선생님으로 활동하기를 부탁합니다. 학교라는 곳은 공기관이기 때문에 시간 약속, 수업 약속이 철저하게 이루어지는 곳입니다. 일반 학원처럼 스케줄을 변경하는 일이 어렵습니다. 시간 약속을 철저하게 지킬 수 있는 선생님 그리고 아이들을 사랑하는 마음이 넘치는 선생님이 지원한다면 즐겁게 꿈을 펼칠 수 있는 좋은 직업이라고 생각합니다.

박은진 선생님

호서대학교 실용음악과 졸업(보컬 전공)
뮤지컬 '홍길동' 배우
초등학교, 중학교 방과 후 수업 뮤지컬부 강사
CCM 밴드 STG 보컬

11. 대학 강사

대학에서 강의하는 일은 음악인에게 정말 큰 선물이다. 이를 기반으로 다양한 음악 활동의 기회가 많아진다. 시작은 어렵지만 한번 강의를 하게 되면 비교적 쉽게 다른 대학 강의도 할 수 있는 편이다. 제자들이 생기는 기쁨도 있다. 하지만 그만큼 요구되는 사항도 많고 진입장벽이 높은 직업이기도 하다.

♬ 나는 대학 강사에 잘 어울리는 사람일까?

Check Point 석사, 음악적 자신감, 설명 능력, 프로 정신	매우 아니다	아니다	보통 이다	그렇다	매우 그렇다
석사 이상의 학력이며, 음악성에 자신이 있다.	○	○	○	○	○
항상 프로페셔널하게 일하는 편이다.	○	○	○	○	○
학생들을 좋아하며, 대화를 즐긴다.	○	○	○	○	○
밤보다는 아침과 낮에 일하는 것을 좋아한다.	○	○	○	○	○
개념을 쉽게 설명할 수 있다.	○	○	○	○	○
시간 약속에 철저하다.	○	○	○	○	○
선입견 없이 공정한 평가를 할 수 있다.	○	○	○	○	○
다른 사람의 장점을 잘 파악한다.	○	○	○	○	○
감정에 치우치지 않고 충고와 조언을 할 수 있다.	○	○	○	○	○

※ 본 설문은 관련 종사자들의 의견으로 작성된 참고용 자료입니다.
해당 직업에 대한 절대적 기준이 아니며, 다른 의견도 있음을 알려드립니다.

매우 그렇다(5점) / 그렇다(4점) / 보통이다(3점) / 아니다(2점) / 매우 아니다(1점)

40~45점 당신을 위한 직업이군요.
30~39점 해당 분야에 재능이 있습니다.
20~29점 해당 직업에 대한 진지한 고민이 필요합니다.
20점 이하 다른 분야를 먼저 살펴보세요.

1. 대학 강사는 어떤 일을 할까?

 대학 강사는 4년제 학사 학위와 석사 과정을 마친 사람이 지원할 수 있다. 전문 분야를 가르치는 일이기 때문에 철저한 프로 정신이 필요하다. 보통 처음에는 시간 강사로 시작하여 경력이 쌓이면 겸임 교수가 되기도 한다.

전공 레슨

실용음악대학의 학과는 대부분 전공 레슨이 있다. 경우에 따라 조금씩 차이가 있지만 이 수업은 학생이 교수에게 일대일로 개인 레슨을 받는 시간이다. 실용음악대학 강사가 주로 맡는 수업이 바로 전공 레슨이다.

전공 레슨은 일대일 수업이기 때문에 학생의 수준에 맞춰 진행할 수 있는 장점이 있다. 강사는 학생의 장단점을 분석하고 깊이 있는 수업을 통해 부족한 점을 보완해 주어야 한다. 학생의 음악적 실력 향상에 바로 영향을 줄 수 있는 시간이기 때문에 보다 철저한 수업 준비가 필요하다.

한 가지 주의할 점은 전공 레슨은 학교 연습실에서 진행되므로 강사와 학생 모두 시간 약속을 철저히 지켜야 한다는 것이다. 연습실 여건상, 시간을 미루거나 보강이 힘든 경우가 대부분이기 때문에 주어진 시간에 맞춰 수업을 꼭 진행해야 한다.

클래스 수업

대학 강사는 교양이나 화성학 같은 클래스 수업을 맡기도 한다. 클래스 수업은 여러 명의 학생이 출석하기 때문에 꼼꼼한 강의 계획과 엄격한 출결 관리가 필요하다.

강사는 주전공이 아닌 클래스 수업을 맡을 때도 종종 있으므로, 대학 강사로 활동하고 싶다면 음악의 역사나 장르, 화성학 이론과 관련된 풍부한 지식을 갖추도록 하자.

학생 관리

대학생은 진로에 관한 고민이 많다. 특히 신입생 수업을 하는 경우 학교 생활에 적응을 잘하도록 친밀하게 학생을 대하는 것이 좋다. 학생들도 음악 선배인 강사의 조언을 잘 받아들이고 대부분 좋은 관계를 맺기 원한다. 단, 학생들과 과하게 친해지려고 하는 경우 너무 격이 없어질 수 있어 주의해야 한다. 실용음악과는 개인 레슨이 많기 때문에 학생들과 너무 격이 없게 지내다 보면 수업 자체가 어려워질 수도 있다. 친구 같은 스승도 좋을 수 있지만 상대방을 더 존중하기 위한 일정한 거리도 필요하다. 특히 성별이 다른 학생에게 과도한 친절이나 사적인 연락은 피하는 것이 좋다.

2. 대학 강사, 어떻게 준비하면 좋을까?

석사 과정은 필수이다

대학 강사로 활동하려면 석사 과정이 필수이다. 만약 2년제 실용음악과를 졸업했다면, 우선 4년제 학사 학위를 취득해야 한다. 편입, 학점은행제, 전문대학의 심화 과정(3, 4학년), 사이버대학 등을 통해 4년제 학사 학위를 마무리한 후, 대학원에 진학하여 석사 학위를 취득해야 한다.

경력 증명은 문서로

대학 강사로 활동하려면 학위뿐만 아니라 다양한 경력이 필요하다. 경력을 관리할 때 주의할 점은 해당 사항에 대한 문서 증빙이 필요하다는 것이다. 따라서 연주 세션, 앨범 발매, 작·편곡, 책 출판 같은 활동을 했다면 관련 경력을 증명할 문서 자료를 갖

강사 지원시 경력에 관한 사항은 문서로 증빙이 필요하다.

추고 있어야 한다. 한국음악실연자협회, 음악저작권협회 등에 회원으로 가입하여 활동한 작품을 꾸준히 등록하다 보면, 나중에 증빙에 필요한 서류를 편리하게 얻을 수 있다.

쉽게 포기하지 말자

대학 강사는 진입 장벽이 높은 직업이다. 그래서 두세 번 도전한 후, 강사가 되지 못하면 포기하는 사람이 많은데, 쉽게 포기하지 않기를 바란다. 지금은 학과장 보직을 맡고 있는 나도 대학원 졸업 후 강사 임용에 열 번 가까이 탈락한 경험이 있다. 유학을 다녀온 사람들에게 자격지심을 느끼는 지원자도 있는데 실제로 국내 석사 학위자가 대학 강사로 활동하는 경우가 더 많다. 2000년대 초반까지만 하더라도 국내에 실용음악 교육 시설이 부족했기 때문에 유학을 다녀온 강사가 많았지만, 지금은 국내 대학의 수준이 많이 높아져서 국내 학위로 강사를 하는데 큰 지장이 없다.

차별화 포인트를 개발하라

대학 강사에 지원할 정도면 음악 실력은 대부분이 뛰어나다고 봐도 무방하다. 그래서 강사로 채용될 확률을 높이려면 음악 외적으로 자신이 할 수 있는 것을 어필하는 것이 좋다. 예를 들어 학과가 생긴 지 얼마 되지 않은 학교에 지

원할 때는 학생 유치 방안에 대해 준비해 가면 좋다. 신입생의 자퇴율이 높은 대학이라면 이를 낮출 수 있는 방법을 고민해 가는 것도 필요하다.

이외에도 학생들에게 오디션 기회를 줄 수 있다거나, 졸업 후 취업을 도울 수 있는 방안을 제안할 수 있다면 강사 채용에 많은 도움이 될 것이다. 다시 말하면, 해당 대학에 필요한 것이 무엇인지 예측하고 면접 시 자료를 준비해 가는 것이 강사 채용에 유리하다.

대학 강사! 이것이 궁금해요?!

Q1. 대학 강사 모집 정보는 어디서 볼 수 있나요?

하이브레인넷, 교수신문과 같은 고급 인력 취업 사이트를 통해 구인 정보를 확인할
수 있습니다. 학교 홈페이지에도 강사 구인 정보가 올라옵니다. 특히 실용음악과가
새로 개설된 대학이 있다면 한꺼번에 많은 강사 모집이 진행됩니다. 대학 교수님이
나 강사로 활동하는 분들의 추천이 많은 분야이므로 평소 교수님, 대학원 동기들과
좋은 관계를 유지하는 것이 좋습니다.

Q2. 대학 강사의 계약 기간은 어떻게 되나요?

시간 강사법이 정비되고 있지만 아직까지 대학 강사는 한 학기로 계약하는 시스템
입니다. 한 학기 종료 후, 재계약이 안 되는 경우도 있습니다. 좋은 강의와 바른 업
무 처리로 일을 깔끔하게 하는 것이 중요하고 교수님, 강사분들과 좋은 관계를 유
지해야 합니다.

Q3. 지방에 있는 평범한 실용음악대학을 졸업했습니다. 대학 강사 취업이 가능할까요?

대학 강사는 학부뿐만 아니라 석사 과정도 밟아야 하기 때문에 오히려 해당 학교
졸업자가 석사 학위를 취득한 후, 출신 학교 강사로 채용되는 경우가 자주 있습니
다. 재학 시절 교수님들과 친밀한 관계를 유지하는 것도 중요합니다.

"음악을 가르친다는 것은 음악에 대한 열정을 공유하려는 마음에서부터 시작해야 합니다."

인터뷰 | **김지은** 전임 교수

1. 어떤 계기로 강의를 시작하게 되셨나요?

현재는 대학에서 실용음악과 전임 교수로 일하고 있지만, 처음 대학 강사를 준비할 때만 해도 '학생들을 가르칠 수 있으면 좋겠다'라는 막연한 생각뿐이었습니다. 어렸을 때 꿈을 말해보라고 하면 대학 교수가 되고 싶다고 얘기했지만, 막상 성인이 되어 음악 전공을 하다 보니, 오히려 교수라는 직업은 조금 멀게 느껴졌습니다. 대학원으로 진학하고, 석사를 마무리하게 될 즈음, 교수님과 동기(동기지만 저보다 나이도, 경력도 많으신 분입니다.)로부터 추천을 받았습니다. 그래서 임용 지원서를 제출하였고, 증빙 가능한 활동 경력 평가와 면접을 통해 감사하게도 강의를 시작할 수 있었습니다.

2. 대학 강사가 되기 위해 학부에서 어떤 준비를 하면 좋을까요?

대학 강사는 본인이 가장 자신 있는 분야를 가르치고 싶겠지만, 학교의 여건이나 그 외의 여러 가지 이유로 자신의 전문 수업만 고집할 수 없는 것이 현실입니다. 전공 레슨(예를 들어, 피아노 전공생의 1:1 레슨)이 아닌, 특히 클래스 강의를 해야 할 때 전문 분야가 아닌 수업을 하는 경우가 있습니다. 그래서 대학 강사를 희망하는 분은 학부 때부터 다양한 수업과 이론 과목을 전반적으로 잘 이해하고 실력을 다져야 합니다. 자신만의 방식으로 노하우를 정리하는 것도 좋은 방법입니다.

3. 어떤 방식으로 급여를 받나요?

시간 강사라고 불리는 계약직의 경우 수업 시간을 계산하여 급여를 받습니다. 예를 들어 1시간 수업당 얼마, 이런 식인데 급여 체계는 학교마다 차이가 있습니다. 한 학기를 15주라고 생각하면, 보통 학기 당 네 달 동안(4주 + 4주 + 4주 + 3주) 급여가 지급됩니다. 겸임 교수는 강의 외에도 학생 관리, 학과 행정 같은 학사 운영 업무를 하게 되어 수업 시간에 따른 강사료 외에 정해진 급여를 추가로 받습니다.(학교마다 급여 체계는 상이합니다.)

4. 언제 가장 힘이 드시나요?

강사라는 직업은 학생을 가르치는 일만 하는 것이 아닙니다. 학교 업무상 서류 작업이 있을 수 있고, 때로는 행정적인 일을 맡기도 합니다. 음악적인 일만 했던 터라 강사 초기에는 저도 적응이 쉽지 않았던 것 같습니다. 또 학기 중, 한두 명 수업을 포기하는 경우가 있는데, 그럴 때 힘이 들기도 합니다.

5. 언제 가장 보람을 느끼시나요?

학생들이 발전하는 모습을 볼 때입니다. 음악뿐만 아니라, 인성이나 인격적으로 성숙해지는 모습을 보면 정말 보람을 느낍니다. 특정 분야의 수업을 힘들어하던 학생이 음악의 즐거움을 깨닫고 질문이 많아질 때도 기쁩니다. 수업을 통해 만난 학생이 프로가 되고, 나중에 제 수업의 영향을 많이 받았다며 감사하다는 말을 전해 줄 때 정말 뿌듯합니다.

6. 음악 실력 외에 좋은 강사가 되기 위해 중요한 요소는 무엇인가요?

다양한 분야에서 경험을 쌓으면 좋겠습니다. 실력뿐만 아니라, 학교에 계신 여러 교수님과 담당자와도 좋은 관계를 맺는 인성을 갖춰야 합니다. 학교의 질서를 따르는 것과 꼼꼼한 성격도 필요합니다. 무엇보다 중요한 것은 학생들을 인격적으로 존중하며 사랑으로 성장시키려는 열정이 아닐까 합니다.

7. 대학 강의를 꿈꾸는 학생들에게 조언 부탁드립니다.

대학에서 학생을 가르치는 일도 직업이기에 어쩌면 돈을 버는 것이 목적이 되어버릴 수 있습니다. 물론 돈을 버는 것은 매우 중요합니다. 그렇지만 돈을 좇아가다 보면 본질을 잃어버리고, 그 직업을 계속할 수 있는 힘도 잃게 됩니다. 어쩌면 이 사실은 음악으로 하는 모든 직업에 적용할 수 있습니다. 음악을 가르친다는 것은 음악에 대한 열정을 공유하려는 마음에서부터 시작해야 합니다. 배우는 사람의 입장에서, 그들이 이해할 수 있는 언어로 설득하는 노력과 음악적 발전을 이루어 간다면 분명히 대학에서 강의하는 기회를 만날 수 있을 겁니다.

김지은 전임 교수

現 여주대 실용음악과 전임 교수
재즈피아노 전공(학사, 석사)
지은쌤의 30일 피아노 코드 반주 저자
일산오빠의 실용음악 시창청음 공동 저자

12. 개인 레슨

'레스너(Lessoner)'라고도 부르는 개인 강사는 직접 학생을 모집하고 가르치는 직업이다. 혼자 일하는 것이 불안정하다고 느낄 수 있지만, 비교적 시간이 자유롭고 학생을 직접 관리하기 때문에 강의 당 수입이 높은 편이다. 다른 일과 병행하는 것이 일반적이지만 개인 레슨을 전업으로 삼는 사람도 늘어나고 있다.

♬ 나는 개인 레슨에 잘 어울리는 사람일까?

Check Point 자기 PR, 개념 설명, 시간 약속	매우 아니다	아니다	보통 이다	그렇다	매우 그렇다
자기 자신을 홍보하는 일이 부끄럽지 않다.	○	○	○	○	○
시간을 자유롭게 쓰는 것을 좋아한다.	○	○	○	○	○
강의를 위한 개인 연습 공간이 있다.	○	○	○	○	○
트렌드에 민감하고 SNS를 즐겨 한다.	○	○	○	○	○
주체적이고 독립적으로 일하는 것이 좋다.	○	○	○	○	○
시간 약속을 잘 지킨다.	○	○	○	○	○
인터넷을 통해 정보를 찾는 능력이 뛰어나다.	○	○	○	○	○
음악 관련 교재를 잘 알고 있다.	○	○	○	○	○
스케줄 관리에 능하다.	○	○	○	○	○

※ 본 설문은 관련 종사자들의 의견으로 작성된 참고용 자료입니다.
해당 직업에 대한 절대적 기준이 아니며, 다른 의견도 있음을 알려드립니다.

매우 그렇다(5점) / 그렇다(4점) / 보통이다(3점) / 아니다(2점) / 매우 아니다(1점)

40~45점 당신을 위한 직업이군요.
30~39점 해당 분야에 재능이 있습니다.
20~29점 해당 직업에 대한 진지한 고민이 필요합니다.
20점이하 다른 분야를 먼저 살펴보세요.

1. 개인 레슨, 이렇게 일해야 한다.

학생 모집

개인 레슨의 성공 여부는 학생 모집에 있다. 개인 레슨을 시작하고 싶다면 하루 1시간은 학생 모집에 투자하는 것이 좋다. SNS가 트렌드라고 해도 아직까지 인터넷 음악 커뮤니티를 이용하는 것이 학생 모집에 효과적이다. 뮬, 미디앤사운드 등 고전적인 음악 커뮤니티에 레슨 모집 글을 올리고 자주 확인해 봐야 한다. 자신의 글이 눈에 띄지 않을 경우 새롭게 올리는 것이 좋다.

레슨 모집 글을 작성할 때는 자세한 수업 소개가 중요하다. 학생들이 기대하는 부분을 제목으로 다는 것도 좋은 방법이다. 예를 들어, '화려한 연주! 누구나 할 수 있게 만들어 드립니다!', '교회 반주 어렵죠? 제가 예배 반주자로 만들어 드리겠습니다'와 같은 제목이 눈에 띄기 쉽다. 본문에는 2~3줄 정도의 간단한 인사말과 함께 자기소개를 한다. 출신 학교도 꼭 적는 것이 좋다. 간혹 인지도가 높지 못하다는 이유로 출신 학교를 생략하는데, 이런 경우 강사를 신뢰하기가 어렵다. 일반 이력서와 마찬가지로 기획사나 방송국, 학원 강사 경력과 커리큘럼, 수업 방식을 적어 준다.

개인 맞춤형 수업 진행

학생이 모집되면 먼저 면담을 통해 레슨 목표를 정해야 한다. 대학 입학이 목적인 입시생을 제외하면 많은 학생들이 '기타를 잘 치고 싶어요' 같은 추상적인 목표로 레슨을 받으러 온다. 이런 경우 레슨 강사가 학생 실력을 파악하고 적당한 목표와 기간을 제안해 주는 것이 좋다. 가령 3개월 동안 특정 곡을 마스터한다든가, 음악 교재 한 권을 마치는 것처럼 구체적인 목표를 세워 주면 학생들의 만족도가 높아질 수 있다.

개인 레슨은 일대일 수업인 경우가 대부분이어서, 강사와 학생의 사정에 따라 스케줄 변동이 쉬운 편이다. 하지만 정해진 레슨 일정은 특별한 사정이 없는 한 지키는 것이 좋다. 일정 변경이 필요하다면, 가급적 레슨 2~3일 전에 알려 주어야 한다. 레슨 당일 수업을 취소하는 것은 학생들의 신뢰를 한순간에 무너 트릴 수 있다.

2. 개인 레슨을 직업적으로 하고 싶다면?

블로그, SNS, 유튜브를 운영하자

장기적으로 레슨을 진행하려면 개인 블로그나 SNS, 유튜브를 운영하는 것이 좋다. 자신을 PR 한다고 생각하고 정기적으로 연주 영상이나 음악 관련 글을 업로드하자. 학생들과 소통하며 질문에 답변하다 보면 자연스럽게 레슨으로 이어질 수 있다. 온라인 페이지 운영 시 주의 사항은 정치, 종교, 인종과 같은 분야에 있어 말실수가 없어야 한다는 점이다. PR을 위한 계정이기 때문에 민감한 사항을 언급할 때는 심

장기적인 개인 레슨을 위해서는 블로 그, SNS 운영이 필수적이다.

사숙고해야 한다. 어렵게 관리한 블로그나 SNS가 한 마디의 말실수로 순식간에 신뢰를 잃을 수 있다.

철저한 학생 관리

개인 레슨의 경우 강사가 모든 일을 처리하기 때문에 학생과의 소통이 매우 중요하다. 학원의 교육 방식이 맘에 들지 않아 개인 레슨을 찾는 학생들이 있는데, 이런 경우 학생의 고충을 잘 들어주어야 한다. 학생과 음악적 이야기를 자주 하는 것도 좋다. 다만 레슨 시간을 다른 이야기로 보내는 모습은 바람직하지 않다.

간혹 학생들과 친해지려다가 오히려 너무 격이 없어지는 경우가 있다. 학생을 '○○씨'라고 부르는 것보다 '○○님'이라고 부르는 것을 추천한다. '○○씨'도 잘못된 표현은 아니지만, 서로 존중하는 태도로 '○○님'이라는 호칭이 적절하다. 자신보다 나이가 어리다고 처음부터 쉽게 말을 놓는 강사들이 있는데 바람직한 태도가 아니다.

비대면 레슨(온라인)도 적극 활용하자

개인 레슨도 비대면 온라인 강의의 수요가 높아지고 있다. 학생 모집부터 결제, 강의까지 모두 온라인으로 이뤄지는데 기타, 피아노 같은 악기뿐만 아니라 보컬, 작곡, 미디 등 수많은 과정이 온라인에서 진행된다. 온라인 강의는 오프라인 수업보다 시간을 더 자유롭게 쓸 수 있고, 지역적 한계를 벗어나 많은 수강생을 만날 수 있다. 반면에 수강생과 신뢰와 교감을 쌓는 일이 대면 수업보다 어렵고, 그로 인해 재수강률도 낮아질 수 있다.

플랫폼 회사와 계약해 녹화 강의를 제공하는 방법도 있다. 1458CLASS와 같은 실용음악 강의 플랫폼이나 다양한 사이트에 강의 기획안과 이력서를 보내 진행 여부를 문의할 수 있다. 여러 가지 이유로 대면 레슨이 어려운 경우 온라인을 통한 레슨을 적극적으로 시도해 보자.

개인 레슨! 이것이 궁금해요?!

Q1. 개인 레슨은 합법적인 직업인가요?

개인 레슨은 교육청에 신고해야 하는 합법적인 직업입니다. 법규를 잘 몰라 신고를 안 하는 강사도 많지만, 신고하지 않고 레슨을 할 경우 포상금을 노리는 학파라치의 표적이 될 수 있습니다. 가르치는 학생과 문제가 생길 경우 학생이 교육청에 알리는 일이 발생하기도 합니다. 신고 없이 레슨을 하다가 적발되면 벌금을 내는 경우도 있기 때문에 장기적으로 개인 레슨을 생각한다면 가급적 교육청 신고 후 수업을 하는 것이 좋습니다.

Q2. 레슨실이나 작업실이 없는데, 집에서 수업을 해도 괜찮을까요?

학생에 따라 다릅니다. 다만, 레슨실이나 작업실이 있으면 학생을 모집하는 데 유리합니다. 특히 취미로 배우는 성인들은 집에서 레슨받기를 꺼리는 경향이 있습니다. 개인 레슨을 중요한 수입으로 생각한다면 작은 레슨실을 대여하는 것을 추천합니다. 상황이 여의치 않다면 앞서 말씀드린 온라인 레슨을 적극적으로 추진하는 것도 좋은 방법입니다.

Q3. 레슨비는 보통 어떤 기준으로 산정하나요?

강사의 경력이나 유명세에 따라 다르지만, 일반적으로 시간당 페이로 산정합니다. 보통 시간당 5~10만 원입니다. 비대면 개인 레슨의 경우 레슨비가 더 저렴한 편입니다. 레슨비 지불 방식은 레슨 시작 전 학생과 꼭 협의하는 것이 좋습니다.

글을 쓰며 할 수 있는 일

13. 음악 평론가

대중음악을 좋아하고 관련 지식에 해박하다고 음악 평론가가 되는 것은 아니다. 사회적 상황에 따른 예술의 역할을 알아야 하며, 음악에 대한 자신만의 철학도 있어야 한다.

♬ 나는 음악 평론가에 잘 어울리는 사람일까?

Check Point 글쓰기, 박학다식, 독서력	매우 아니다	아니다	보통 이다	그렇다	매우 그렇다
장르의 구분 없이 다양한 음악을 많이 듣는다.	○	○	○	○	○
새로운 음반은 대부분 듣고 공연 관람도 자주 한다.	○	○	○	○	○
자신의 생각을 잘 풀어서 설명할 수 있다.	○	○	○	○	○
독서와 글쓰기를 좋아한다.	○	○	○	○	○
장점과 단점을 잘 파악한다.	○	○	○	○	○
대중음악의 흐름에 민감하다.	○	○	○	○	○
약속 시간을 잘 지키고 마감에 철저하다.	○	○	○	○	○
삶에 대한 나만의 철학이 있다.	○	○	○	○	○
영어나 일본어 같은 외국어를 잘한다.	○	○	○	○	○

※ 본 설문은 관련 종사자들의 의견으로 작성된 참고용 자료입니다.
해당 직업에 대한 절대적 기준이 아니며, 다른 의견도 있음을 알려드립니다.

매우 그렇다(5점) / 그렇다(4점) / 보통이다(3점) / 아니다(2점) / 매우 아니다(1점)

40~45점 당신을 위한 직업이군요.
30~39점 해당 분야에 재능이 있습니다.
20~29점 해당 직업에 대한 진지한 고민이 필요합니다.
20점이하 다른 분야를 먼저 살펴보세요.

1. 음악 평론가는 어떤 일을 할까?

기본적으로 음악 평론가는 원고료를 받고 글을 기고하는 일을 한다. 따라서 글쓰기 능력이 매우 중요하다. 공연, 전시, 방송 등 음악과 관련된 모든 것에 대해 평가할 수 있기 때문에 굉장히 다양한 분야에서 활동한다.

본업은 글쓰기다

음악 평론가의 가장 기본적인 일은 글로 음악을 비평하는 것이다. 새로 출시된 음반이 있거나 해외 유명 가수가 내한 공연을 했을 때, 영화 음악이 주목을 받는 경우 등 음악과 관련된 모든 영역에 관한 글을 쓴다.

평론 글은 주로 음악 잡지, 신문 문화면 혹은 방송국이나 기업의 사보에 실린다. 최근에는 온라인 웹진에서도 평론가들이 활발하게 활동하고 있다. 많은 사람이 오해하는 부분이 평론가는 비난하는 직업이라는 생각인데, 사실 음악 평론가

음악 평론가의 기본은 비평적 글쓰기이다.

는 비난이 아니라 올바른 비평을 하는 것이다. 노래나 공연의 문화적 가치를 판단하고, 때에 따라 부족한 부분이 있다면 비평을 한다.

평론을 하려면 대중이 신뢰할 수 있는 높은 기준이 필요하다. 이를 위해 평론가들은 여러 나라의 대중음악 역사와 뮤지션, 음악 산업 전반에 대한 해박한 지식을 가지고 있어야 한다. 물론 개인의 주관이나 철학을 반영하는 것은 평론에

있어 지극히 자연스러운 일이다. 같은 음악을 듣고 평론가들 사이에서 다양한 의견이 나오는 현상은 문화 예술 전반에 긍정적인 신호임이 분명하다.

방송 출연

라디오는 말할 것도 없고 아이돌 중심의 음악 방송, 클래식, 국악 등 다양한 음악 프로그램이 있다. 대중에게 잘 알려진 평론가는 방송 출연 기회가 자주 있다. 각종 인터뷰는 물론이고 음악 프로그램을 진행하거나 패널로 참여하기도 하고, 방송 기획 단계부터 자문 역할을 하기도 한다. 오디션 프로그램의 심사위원을 하는 경우도 있다. 음악 평론가는 인지도가 높아질수록

라디오를 진행 중인 성우진 평론가

글을 쓰는 것만큼 말하는 일도 많아지기 때문에 올바른 언어 습관과 자기 PR을 하는 능력이 필요하다.

음악 비즈니스 컨설팅

음악 평론가는 산업 전반에 대한 이해가 높기 때문에 비즈니스 컨설팅을 하기도 한다. 온라인 스트리밍 서비스를 기획하는 일에 참여하기도 하고 매장의 음악 콘셉트를 잡아주는 큐레이터 역할을 맡기도 한다. 음악 출판사에서 편집자로 활동하는 경우도 있다.

사실 음악 평론가가 하는 일은 무궁무진하다. 음악과 관련된 일이라면 어디서든지 활동할 수 있다. 하지만 바꿔 말하면 개인의 전문성 없이는 어디에서도 일하기 힘든 직업이라는 점을 명심해야 한다. 기본적인 글쓰기를 바탕으로 다방면의 공부를 해야만 직업 평론가의 일을 계속할 수 있다.

2. 음악 평론가, 이렇게 준비하자.

규칙적인 글쓰기

글쓰기 실력은 하루아침에 완성되지 않는다. 글을 잘 쓰는 사람의 이야기를 들어보면 모두 오랫동안 습작의 기간이 있었다. 음악 평론가가 되고 싶다면 규칙적인 글쓰기 연습을 해야 한다. 개인 블로그나 SNS에 특정 주제나 음악을 가지고 글을 써보자. 처음에는 자신의 글이 부끄러울 수 있지만, 시간이 지날수록 완성도 높은 글을 쓰게 된다. 다른 사람의 글을 읽고 논조를 바꿔 써보는 것도 좋다. 모아둔 글이 출판사나 잡지사 편집자의 눈에 띄면 뜻밖의 기회를 잡을 수 있다. 최근에는 여러 곳에서 글쓰기 강의를 진행하고 있으니 기회가 된다면 수업을 들어보자.

다양한 매체에 기고하기

회사에서 음악 평론가를 채용하는 일은 거의 없다. 평론가가 일을 구하는 방법은 자신의 글을 각종 매체의 담당자에게 보내는 것이다. 좋은 글을 썼다면 다양한 매체에 투고해 보자. 언론사 홈페이지나 잡지의 판권면을 보면 독자 의견이나 기고를 받는 메일이 적혀 있다. 기고할 글을 작성할 때는 해당 매체의 이전 기사를 보면서 어떤 형식의 글을 선호하는지 파악하고 시작하자. 매체에 맞춰 논조를 정하되 자신만의 참신한 비평이 있어야 한다. 편집자의 입장에서 비슷비슷한 글을 선택할 이유는 없다.

외국어 공부하기

음악 평론을 하다 보면 외국 서적이나 홈페이지를 참고할 일이 많다. 팝송의 가사를 이해하기 위해서도 영어 공부는 필수이다. 또한 외국 평론가의 글을 읽는 것만으로 많은 공부가 된다. 그래서 평론가라면 영어는 기본이고 일본어나중국어 같은 제2외국어까지 능숙해야 한다. 정보 수집을 위한 정확한 독해 연습을 중점적으로 하는 것이 좋다.

음악 평론가! 이것이 궁금해요?!

Q1. 제가 쓴 글을 잡지사에 보내고 싶습니다. 어떤 회사가 좋을까요?

기회는 두드릴수록 자주 찾아오는 법입니다. 요즘은 워낙 많은 글이 쏟아져 나오기 때문에 한 번에 눈에 띄기란 쉽지 않습니다. 음악 평론을 취급하는 여러 잡지사에 투고해 보길 바랍니다. 국내에서 출간되는 음악 전문 잡지는 음악 저널, 음악 춘추, Jazz people, 월간 객석 등이 있습니다.

Q2. 음악 평론가는 어떻게 수입을 올리나요?

음악 평론가의 본업은 글쓰기지만 원고료만으로 전업 평론가 활동을 하는 분은 많지 않습니다. 어떤 분은 매체의 기자로 회사 생활을 하면서 평론을 합니다. 방송 활동이나 컨설팅에서 수입을 얻는 경우도 있고, 대학 강의를 하는 분도 있습니다. 자주 있는 일은 아니지만 음악 관련 국책 사업의 자문을 하기도 합니다. 음악 평론가의 수입은 전문성과 인지도에 따라 큰 차이가 납니다.

Q3. 실용음악과에 진학하면 음악 평론가가 되기에 유리하나요?

실용음악과를 졸업하지 않아도 음악 평론가를 알 수 있습니다. 하지만 실용음악을 전공하는 것이 평론 일을 하기에 조금 더 유리합니다. 다양한 음악인과 만나 소통할 기회가 더 많기 때문입니다. 또한 평론가는 음악의 가치를 평가하고 설명하는 역할이기 때문에 전문성을 인정받기 위해서도 실용음악을 전공하는 것이 좋습니다. 다만 계속 강조한 것처럼 글쓰기 실력이 뛰어나야 합니다.

"음악을 정말 좋아하고 글 쓰는 재주가 있다면 평론가를 바탕으로 할 수 있는 일이 많습니다."

음악 평론가 인터뷰 | **성우진**(팝 칼럼니스트)

1. 음악 평론가는 주로 어떤 일을 하나요?

과거에는 글 쓰는 일의 비중이 높았습니다. 지금은 인지도가 생기면 방송 패널이나 진행을 하기도 합니다. 음악 관련 전문 지식을 바탕으로 음반 기획, 자문, 심사 같은 업무를 할 수 있습니다. 음악과 관련된 일이라면 폭넓게 접근할 수 있는 직업이 음악 평론가입니다.

2. 음악 평론가로 활동하게 된 계기가 있으신가요?

처음에는 필드에서 음악을 하려고 했습니다. 여러 가지 이유로 음악 활동은 못하게 되었지만, 계속 음악 관련 일을 하고 싶었습니다. 고민하던 중 '월간 팝송'이라는 잡지를 보면서 팝 칼럼니스트의 꿈을 키웠습니다. 팝 음악 동호회, 팬클럽, 아마추어 기고 등의 활동을 열심히 하다가 우연한 기회에 메탈리카 4집 해설을 쓰게 되면서 성음 레코드사에서 데뷔했습니다. 그 이후로 칼럼 기고와 몇몇 음악 잡지의 편집장으로 일했습니다.

3. 음악 평론가가 되려면 음악 관련 전공을 하는 것이 좋을까요?

음악을 전공하면 도움이 되겠지만, 그렇지 않더라도 글쓰기 연습을 많이 하면 좋을 것 같습니다. 영어 공부도 필수로 해야 합니다. 요즘은 국내 음악 위주로 평론을 많이 하지만 외국곡을 평론할 경우 영어 서적과 사이트를 찾아볼 일이 많습니다. 일본어도 잘하면 좋습니다.

4. 음악 평론가가 되기 위해 갖춰야 할 첫 번째 자질은 무엇이라고 생각하시나요?

확실한 음악적 가치관이 있어야 합니다. 어떤 분은 객관적인 음악 평론이 필요하다고 하지만, 저는 음악 평론이 반드시 객관적일 필요는 없다고 생각합니다. 왜냐하면 음악 자체가 객관적인 영역이 아니기 때문입니다. 자신만의 음악적 시각을 가지고 최소한의 공정성으로 평론을 해야 합니다. 그리고 좋아하는 음악의 폭을 넓히는 것이 좋습니다. 우리나라의 평론가들은 거의 모든 장르를 다루기 때문에 다양한 음악 공부를 해야 합니다.

5. 음악 평론가의 직업적 매력은 무엇인가요?

많은 분이 평론가는 집에 음반도 많고, 늘 음악을 가까이할 수 있어서 부럽다고 말씀하시는데, 직업적으로 음악을 듣고 소개하는 것은 그리 만만한 일이 아닙니다. 물론 음악과 일생을 같이할 수 있다는 점은 좋습니다. 또한 일반 직장과 달리 정년이 없기 때문에 스스로 은퇴할 때까지 평론가라는 직함을 갖는 것도 매력이라고 생각합니다.

6. 음악 평론가로서 느끼는 보람과 어려움을 이야기해 주세요.

제가 소개했거나 발굴한 가수가 예상대로 잘 되고 국내뿐만 아니라 세계적으로 좋은 평가를 받거나, 정성스럽게 준비한 글에 대중이 좋은 반응을 보일 때 보람을 느낍니다.

어려운 점은, 우리나라의 많은 팬덤 문화가 평론에 공격적인 면을 가지고 있다는 것입니다. 어떤 노래나 가수를 비평하면 '내가 좋아하는 가수한테 왜 그러느냐?'라는 반응이 오기도 하고, 특정 음악만 편애한다는 오해를 받기도 합니다. 또한 가수 데뷔 나이가 자꾸 어려지는데 어린 가수들이 비평에 거부감을 갖는 것도 평론가로서 겪는 어려움입니다.

7. 음악 평론가가 되고 싶은 학생들에게 조언 부탁드립니다.

음악을 정말 좋아하고, 사명감이 있고, 남들보다 글 쓰는 재주가 있다면 평론가를 바탕으로 할 수 있는 일이 많습니다. 음악 평론뿐만 아니라 라디오 DJ나, 방송 관련 일도 할 수 있습니다. 자신이 어떻게 준비하느냐에 따라 다양한 길이 열리기 때문에 꾸준히 노력하고 재능을 노출하는 것이 중요합니다. 새로운 노래는 계속 나오니 꾸준히 공부할 마음이 있다면 도전해 볼 만한 직업입니다.

성우진 팝 칼럼니스트

팝 칼럼니스트, 음악 평론가, 방송 작가, 한국 대중음악상 선정위원
월간 핫뮤직, 월드 팝스, 락킷, 서브 편집장 역임
건국대학교 예술학부 출강

14. 작사가

방송을 통해 유명 작사가의 작업 환경과 수입이 공개되면서, 작사가라는 직업이 많은 관심을 받고 있다. 작사가는 짧은 노랫말로 대중의 감정을 건드려야 하기 때문에 공감 능력이 필수이다. 단순히 글만 잘 쓰는 것이 아니라 곡에 대한 전문적인 지식도 필요하다.

♬ 나는 작사가에 잘 어울리는 사람일까?

Check Point 콘셉트, 표현력, 공감 능력	매우 아니다	아니다	보통 이다	그렇다	매우 그렇다
글쓰기를 좋아한다.	○	○	○	○	○
같은 상황을 여러 가지 시각으로 볼 수 있다.	○	○	○	○	○
시, 소설, 에세이 등을 즐겨 읽는다.	○	○	○	○	○
문법과 맞춤법에 대한 기본 지식을 갖고 있다.	○	○	○	○	○
작사 관련 인터넷 카페나 동호회 활동 경험이 있다.	○	○	○	○	○
곡의 분위기를 잘 파악하고 리듬감이 좋은 편이다.	○	○	○	○	○
글을 구조적으로 분석할 수 있다.	○	○	○	○	○
기한에 맞춰 일을 해낼 수 있다.	○	○	○	○	○
상대방의 요구를 잘 파악하며 의견 조율을 잘한다.	○	○	○	○	○

※ 본 설문은 관련 종사자들의 의견으로 작성된 참고용 자료입니다.
해당 직업에 대한 절대적 기준이 아니며, 다른 의견도 있음을 알려드립니다.

매우 그렇다(5점) / 그렇다(4점) / 보통이다(3점) / 아니다(2점) / 매우 아니다(1점)

40~45점 당신을 위한 직업이군요.
30~39점 해당 분야에 재능이 있습니다.
20~29점 해당 직업에 대한 진지한 고민이 필요합니다.
20점 이하 다른 분야를 먼저 살펴보세요.

1. 작사가, 이런 방식으로 일을 한다.

작사가는 곡을 받고 작업을 시작하는 경우가 많다. 그
래서 노래의 송폼(Song Form)과 음절을 이해하고 가사를
써야 한다. 또한 한 곡 안에 드라마를 담아야 하기 때문
에 짧고 굵은 표현을 다양하게 알고 있는 것이 좋다.

곡 분석 및 주제 선정

싱어송라이터의 노래가 아닌 이상, 대부분의 대중음악은 곡을 먼저 만들고
나중에 가사를 붙인다. 따라서 작사가는 작곡가의 의도와 곡의 분위기만 느낄
수 있는 상태에서 노래의 주제와 스토리를 만들어야 한다. 이를 위해서 가장 먼
저 할 일은 곡의 구성을 파악하고 주요 진행과 멜로디, 악기들을 분석하는 것이
다. 종종 작사가는 글만 잘 쓰고 음악적 지식은 없어도 될 거란 오해를 하는데,
가사를 쓰기 위해서는 먼저 곡을 분석하는 작업이 꼭 필요하기 때문에 작사가
도 음악에 대한 기본 지식을 갖춰야 한다.

만약 노래의 가수가 정해져 있다면 가수의 캐릭터에 맞춰 주제를 정하기도
한다. 달달한 사랑 노래를 잘하는 가수에게 이별에 관한 가사를 전달하는 것은
적절하지 못하다. 대중에게 사랑받은 노래들은 가사의 주제가 가수와 잘 어울
리는 경우가 많았다. 하지만 때로는 이런 사실이 작사가의 핸디캡이 되는 경우
도 있다. 프로 작사가로 활동하다 보면 자신과 잘 맞는 가수들이 있기 마련인데
매번 특정 가수의 노래를 작사하다 보면 가사의 주제와 내용이 비슷해지기 때
문이다.

작사 작업

작사를 위해 작곡가나 기획사로부터 받은 곡을 리드곡 혹은 데모곡이라고 부른다. 이때 작곡가나 기획사가 의도한 콘셉트가 있는지 작업 시작 전에 반드시 확인해야 한다. 그다음은 보통 곡의 구성을 나누고, 멜로디의 음절을 파악한다. 작사와 글쓰기는 다르다. 음악이 없는 글은 가사라고 부르지 않는다. 그렇기 때문에 일반적인 글쓰기와 동일한 방법으로 작사에 접근하는 것은 좋은 방법이 아니다. 반드시 데모곡을 많이 듣고 음악을 충분히 이해하고 가사를 써야 한다.

작사가마다 가사 쓰는 방법이 다르고 선호하는 구성도 차이가 있다. 스토리텔링과 기승전결을 중요하게 생각하는 작사가도 있고, 한 번만 들어도 기억에 남을 만한 키워드를 선호하는 작사가도 있다. 대중에게 가장 잘 알려진 김이나 작사가, '친구라도 될 걸 그랬어'의 황성진 작사가 등 프로들이 직접 쓴 작사법 책이 출간되어 있으므로 구체적인 작사법이 궁금하다면 한 번쯤 읽어보는 것도 좋다.

작사의 기본기를 알려주는
황성진 작사가의 〈프로의 작사법〉

가사의 단어를 선택할 때는 노래의 주요 타깃층을 고려해야 한다. 같은 의미라도 세대별로 다른 단어를 쓰는 경우가 많다. 십대가 타깃인 사랑 노래를 의뢰받았다면 그 세대의 문화와 표현을 담아 노랫말을 써야 한다. 오랫동안 왕성하게 활동하는 프로 작사가들은 자신과 다른 세대를 이해하기 위해 부단한 관찰과 노력을 기울인다.

저작권 점검 및 관리

가사는 저작권이 있는 창작물이다. 작사가는 창작한 노랫말이 저작권 문제가 없는지 직접 살펴보아야 한다. 모든 창작물에는 저작권이 있으므로 나도 모르게 무단으로 인용하지 않았는지 점검해야 한다. 저작권이 살아 있는 문학 작품이나 영화의 대사를 인용할 경우 원작자의 동의를 구하거나 사용 계약을 맺어야 한다.

2. 작사가, 이렇게 도전해 보자.

공개 모집에 주목하라

작사가는 특별한 지원 자격 조건이 없기 때문에 누구에게나 도전할 기회가 열려 있다. 자주 있는 일은 아니지만 기획사에서 작사가를 공개 모집하기도 한다. 자신의 실력을 과소평가하지 말고 공고가 올라오면 꼭 도전해 보기 바란다. 수시로 작사가를 모집하는 회사도 있으니 기획사별 지원 방법을 숙지하는 것이 좋다. 자유 작사를 제출하는 경우 해당 기획사의 가수에게 잘 어울리는 가사를 준비하는 것이 유리하다. 공개 모집을 신청하다 보면 기획사에서 어떤 스타일의 가사를 원하는지 경험적으로 알 수 있다.

가사 투고를 해보사

문학의 경우 여러 출판사나 신문사에서 매년 다양한 공모전을 진행한다. 하지만 작사 공모전은 정기적이지 않아서 관련 정보를 찾기가 쉽지 않다. 이럴 때는 직접 쓴 가사를 기획사에 투고해 보자. 이때 무조건 가사만 쭉 적어서 보내지 말고 발매된 팝송에 맞춰 한글 가사를 써보거나 해당 소속사 가수의 이미지를 콘셉트로 가사를 작성해 보자. 가사의 구성안을 같이 보내면 더 도움이 된다. 투고를 한다고 다 답변이 오거나 작사가 데뷔의 기회를 얻는 것은 아니지만, 뭐든지 두드려야 다음 기회가 열리는 법이다.

히트곡 가사 분석

히트곡 가사를 분석하고 재구성하는 것도 작사 실력을 높이는 데 도움이 된다. 기성곡 가사 분석을 꾸준히 하면 프로 작사가들이 어디서 힘을 주고 어떻게 스토리를 전개하는지 이해할 수 있다. 또한, 가사의 구조는 그대로 둔 채 주제를 바꿔서 새로운 노랫말을 써본다든가, 기존의 내용과 반대되는 콘셉트를 가지고 개사를 해보는 것도 좋은 방법이다. 실제로 작사가 모집 시, 자유 가사뿐만 아니라 기성곡 개사를 요구하는 일이 종종 있다. 사실 가장 좋은 작사 연습법은 실제 데모곡에 맞춰 가사를 쓰는 것이다. 하지만 지망생의 경우 데모곡을 접하기가 쉽지 않다. 다행히 〈프로의 작사법〉이란 책에서 10개의 데모곡을 제공하고 있으니 활용하면 도움이 될 것이다.

메모는 선택이 아닌 필수

실제 프로 작사가의 이야기를 들어 보면 좋은 가사는 일상 속에서 갑자기 생각날 때가 많다고 한다. 책을 읽거나 친구들과 이야기를 할 때, 드라마나 영화를 볼 때 등 노랫말에 알맞은 표현은 어디에서나 생각날 수 있기 때문에 작사가를 꿈

일상의 메모에서 가사의 영감을 얻을 수 있다.

꾸고 있다면 순간의 아이디어를 놓치지 말고 메모하는 습관을 갖자. 메모가 어느 정도 쌓이면 그 내용을 자신만의 언어로 해석하거나 다른 표현으로 바꿔보는 연습을 해보자.

끝까지 써보자

작사를 시작한 후 끝을 맺지 못하는 사람이 많다. 이건 작곡가의 경우도 마찬가지인데 좋은 모티브가 생각나서 작업을 시작했지만, 작품을 완성시키지 못한

채 새로운 작업을 시도하는 것이다. 이런 태도는 작사가를 준비하는 사람에게 바람직하지 않다. 작업을 시작했으면 결과에 연연하지 말고 꼭 끝맺음을 하는 습관을 갖자. 이렇게 작업을 마무리하는 경험이 쌓여야만 실력이 좋아지고, 프로가 되어서도 일정에 맞춰 가사를 쓸 수 있다.

작사가! 이것이 궁금해요?!

Q1. 작사가는 어떤 형태로 근무하나요? 일반 회사처럼 정규직이 되는 건가요?

엔터테인먼트 회사에서 모집하는 작사가라도 정규직이라기보다 기획사 소속으로 활동 기회가 주어진다는 의미가 큽니다. 저작권이 회사가 아닌 작사가에게 귀속되기 때문에 정규직 형태의 채용은 거의 없습니다. 기획사에 소속되면 작업을 할 수 있는 환경을 제공받고, 소속 가수의 앨범에 참여할 기회가 생깁니다.

Q2. 작사가 연봉은 어느 정도 되나요?

작사가로 돈을 벌기 위해서는 꾸준한 활동이 필수입니다. 작사가의 가장 중요한 수입은 저작권료이기 때문에 히트한 작품이 많을수록 당연히 수입도 늘어납니다. 유명 작사가의 경우 저작권료 외에 작업비를 따로 받기도 합니다. 일 년에 1억 원 이상의 저작권료를 받는 작사가도 있지만, 정반대로 데뷔를 했어도 히트곡이 없으면 수입이 거의 없는 직업이 작사가입니다.

Q3. 작사 연습 외에 또 어떤 부분을 준비하는 것이 좋을까요?

작사가는 제작자, 작곡가, A&R 등 여러 이해관계자와 함께 프로젝트를 진행하기 때문에 주변 사람과 관계가 원만해야 합니다. 시간 약속을 철저히 지키는 것도 기본입니다. 프로 작사가는 음원 발매 스케줄에 맞춰 작업을 완료해야 하므로 주어진 시간 안에서 최고의 창작을 하는 능력을 길러야 합니다.

15. 음악 서적 집필

책을 쓰는 일은 많은 노력이 필요한 작업이다. 음악 분야 출판은 악보집이나 이론 교재, 음악 에세이 등이 주축을 이룬다. 베스트셀러 소설처럼 출간 즉시 큰 판매가 있는 분야는 아니지만, 저자의 노하우가 잘 녹아있는 교재라면 오랫동안 사랑받는 스테디셀러로 자리 잡을 수 있다.

♬ 나는 음악 서적 집필에 잘 어울리는 사람일까?

Check Point 글쓰기, 악보 작업, 구성 능력, 협업	매우 아니다	아니다	보통 이다	그렇다	매우 그렇다
나만의 음악적 노하우가 있다.	○	○	○	○	○
구체적인 설명을 잘한다.	○	○	○	○	○
원인과 이유를 궁금해하는 편이다.	○	○	○	○	○
문서 작업에 부담이 없다.	○	○	○	○	○
프로그램을 통해 악보를 그릴 수 있다.	○	○	○	○	○
시간 약속을 잘 지킨다.	○	○	○	○	○
다른 사람과 협력하는 일에 익숙하다.	○	○	○	○	○
음악 이론을 잘 알고 있다.	○	○	○	○	○
논리적으로 생각하는 것을 좋아한다.	○	○	○	○	○

※ 본 설문은 관련 종사자들의 의견으로 작성된 참고용 자료입니다.
해당 직업에 대한 절대적 기준이 아니며, 다른 의견도 있음을 알려드립니다.

매우 그렇다(5점) / 그렇다(4점) / 보통이다(3점) / 아니다(2점) / 매우 아니다(1점)

40~45점 당신을 위한 직업이군요.
30~39점 해당 분야에 재능이 있습니다.
20~29점 해당 직업에 대한 진지한 고민이 필요합니다.
20점 이하 다른 분야를 먼저 살펴보세요.

1. 음악 서적 출판은 어떻게 이루어질까?

책을 출간하려면, 먼저 출판사와 작가 계약을 맺어야 한다. 레슨을 위한 간단한 교재는 저자가 직접 제작하기도 하지만, 일반적으로 서점에서 판매하는 책은 대부분 전문 출판사를 통해 만들어진다. 출판사와 계약을 하면 편집자가 배정되고 출간에 관한 전체적인 사항을 함께 조율한다.

구성안 만들기

당연한 이야기지만 책을 쓰려면 그 분야의 전문성과 노하우가 필요하다. 다만 그 노하우를 말이나 강의가 아닌 글과 악보로 표현할 수 있어야만 음악 서적을 만들 수 있다. 가끔 강의는 잘하지만 글로 정리하는 일이 어렵다는 사람이 있는데, 간단한 내용이라도 논리적인 글쓰기 없이는 책을 만들기 힘들다.

음악 책의 경우 무작정 쓰고 보는 일은 거의 없다. 독자를 예상하고 그에 따른 구성안을 먼저 만들고 집필에 들어간다. 구성안에는 예상 독자와 목차, 각 챕터별 개요 등이 들어간다. 독자가 누구인지에 따라 작가가 사용하는 표현이나 목차의 순서가 달라질 수 있다. 구성안을 수정하거나 보완할 때 출판사 편집자의 도움을 받는 경우도 많다.

집필 작업

구성안과 목차가 정해졌다면 본격적인 글쓰기를 해야 한다. 글은 철저히 독자의 입장에서 써야 한다. 오랜 시간 음악 활동을 해온 작가에게는 너무 당연한 내용도 독자에게는 아주 생소한 것일 수 있다. 음악인이 아닌 일반인의 입장에서 단어를 선택하고 내용을 구성하는 배려가 있어야 한다.

　음악 책의 특성상 악보가 들어가는 경우가 많은데, 이를 위해 음악 서적 작가는 피날레나 시벨리우스 같은 기보 프로그램을 다룰 수 있어야 한다. 출판사마다 차이가 있지만 대부분 책에 들어갈 악보는 작가가 직접 작업하는 편이다. 최근 출간하는 음악 도서는 동영상이나 오디오 파일을 함께 제공하는 경우가 많다. 특히 악보집의 경우 본문에 QR 코드를 삽입하여 연주 동영상을 바로 확인하는 구성이 늘어나고 있다. 책을 집필하는 작가도 이런 트렌드를 고려한다면 좀 더 차별성 있는 교재를 만들 수 있을 것이다.

감수 및 저작권 확인
　집필 작업이 끝나면 작가와 편집자가 최종 감수를 본다. 논리적 오류나 오타는 없는지 확인하는 작업이다. 책에 따라 외부 전문가가 감수를 진행하기도 한다. 책에 악보가 들어간 경우 저작권 사용 처리를 확인해야 한다. 저작권 관련 업무는 주로 출판사에서 하지만 사용 허락이 필요한 악보가 무엇인지는 일차적으로 작가가 확인해야 한다.

책 홍보하기
　책 홍보와 마케팅은 출판사에서 주도적으로 진행한다. 하지만 작가도 자신이 쓴 책을 알리기 위해 여러 가지 활동을 하는 것이 좋다. 간단하게는 개인 SNS에 책을 소개하는 것부터 시작해서, 출강하는 학교나 학원 관계자에게 책을 알리는 일도 작가의 몫이다. 음악 에세이 같은 서적은 출판사와 함께 독자와의 만남을 진행하는 것도 좋은 홍보 방법이다.

2. 음악 서적 집필, 이렇게 준비하자.

블로그 운영

음악 서적을 집필하고 싶다면 포털 사이트의 블로그를 운영하는 것이 좋다. 페이스북 같은 SNS는 콘텐츠 검색이나 저장 환경이 블로그보다 체계적이지 않기 때문에, 글을 쓰고 저장해야 하는 작업은 블로그를 사용하는 것이 바람직하다. 블로그를 개설한 후, 자신이 쓰고 싶은 내용을 하나씩 작성하다 보면 글쓰기 실력도 늘고 어떤 부분이 부족한지 알 수 있다. 콘텐츠 내용이 좋고 운도 따른다면 출판사로부터 출간 제안을 받을 수 있다.

유튜브 채널 운영

최근 유튜브를 통해 음악을 배우는 사람이 많아지면서 크리에이터가 음악 교재를 출간하는 경우를 자주 볼 수 있다. 예를 들어 〈작곡독학 가이드북〉과 〈재즈피아노 독학 가이드북〉의 저자 박주언은 유튜브 채널 '박터틀의 음악노트'를 운영하는 14만 크리에이터이다. 〈전무진의 말랑기타〉의 저자 전무진 역시 '말랑기타' 유튜브 채널을 운영하고 있다. 자신의 유튜브 콘텐츠를 기반으로 출간 의뢰를 하기도 쉽고, 반대로 출판사로부터 출간 제안을 받을 수도 있다.

깊이 있는 이론 공부

음악 책을 쓰고 싶다면 특별히 이론 공부를 잘해두는 것이 좋다. 꼭 화성학 책이 아니더라도 여러 유형의 음악 서적에도 이론 설명이 필요하기 때문이다. 독자의 입장에서 생각해 보면 '그냥 느낌이 좋으니까', '원래부터 그렇게 썼으니까' 같은 표현은 설득력이 약하다. 이론적 배경을 바탕으로 내용이 전개되는 책이 이해도 잘 되고 설득력이 있다. 실제로 오랫동안 사랑받는 음악 교재를 보면, 작가의 노하우와 이론적 배경지식을 균형 있게 구성한 경우가 대부분이다.

원고 투고

책의 구성안과 샘플 원고 작업을 했다면 적극적으로 투고를 하는 것이 좋다. 음악 서적을 전문으로 제작하는 출판사를 알아보고 이메일로 원고를 보내면 된다. 출판사 이메일 주소를 알 수 있는 가장 좋은 방법은 해당 출판사에서 발행한 책의 판권 정보를 확인하는 것이다. 홈페이지를 운영하지 않는 출판사도 있기 때문에 판권지에 인쇄된 정보를 확인하는 것이 가장 좋은 방법이다.

같은 원고를 여러 출판사에 보낼 경우 세심한 주의가 필요하다. 구성안이나 원고에 다른 출판사명을 적어둔 채 투고하거나 이름이나 연락처 없이 원고를 보내는 실수가 없어야 한다.

음악 서적 집필! 이것이 궁금해요?!

Q1. 오랫동안 개인 레슨을 하면서 저만의 노하우가 생겼습니다. 책으로 만들고 싶은데 어떻게 시작하면 좋을까요?

먼저 책으로 쓰고 싶은 내용을 목차나 표로 구성해 보기 바랍니다. 생각보다 말로 설명하는 것과 글로 쓰는 것의 차이는 큽니다. 자신이 알고 있는 노하우를 얼마나 체계적으로 구성하고 논리적으로 설명할 수 있느냐가 책을 집필하는데 매우 중요한 요소입니다. 처음이라 구성안 잡기가 힘들다면 관련 교재의 목차를 참고해서 만들어 보는 것도 좋은 방법입니다.

Q2. 음악 책을 쓰면 어떻게 수입을 올릴 수 있나요?

출판사로부터 인세를 받습니다. 음악 저작권료와 비슷한 개념입니다. 보통 실제 판매된 도서 수량에 따라 책 정가의 5~10% 정도가 인세로 지급됩니다. 저작권료를 따로 지불해야 하는 악보집의 경우 이보다 인세가 적을 수 있습니다. 인세 정산 주기는 작가 계약 시 협의 사항이며 일반적으로 3개월이나 6개월 단위로 지급됩니다.

Q3. 음악 출판에 관심이 많은 학생입니다. 실용음악과 출신이 출판사에 근무하는 경우도 있나요?

음악 서적 전문 출판사는 음악 전공 편집자를 선호합니다. 음악에 대한 이해가 있어야 좋은 도서를 기획할 수 있고, 작가와의 소통도 수월하기 때문입니다. 출판 과정에 있어 작가뿐만 아니라 편집자의 역할도 아주 중요하기 때문에 출판에 관심이 있다면 편집자에 도전 하는 것도 추천합니다.

"나의 노하우를 감춰두지 않고 여러 사람과 나눌 때 더 많은 배움의 기회가 생길 수 있습니다."

음악 서적 작가 인터뷰 | **윤영준**(작곡가, 작가)

1. 어떤 계기로 음악 교재를 만들게 되셨나요?

오랫동안 학생들을 가르치면서 이론 교재를 쓰고 싶은 마음이 있었습니다. 그러던 중 우연한 계기로 출판사를 운영하는 대표님의 개인 레슨을 하게 되었고, 나중에 출간 제안을 받아 교재를 만들었습니다.

2. 책을 쓰려면 무슨 준비를 해야 하나요?

무엇이든 정확하게 이해하려는 태도가 있으면 좋습니다. 물론 음악은 감성과 느낌이 중요하지만, 사실 굉장히 수학적이고 논리적인 부분도 많습니다. 작곡이나 연주를 할 때도 느낌으로 만족하는 것에 그치지 말고 원인을 생각하고 해답을 찾아보는 게 좋습니다. 저도 교재를 쓸 때 예전에 정리해 두었던 메모와 노트에서 많은 도움을 받았습니다.

3. 어떤 종류의 음악 책을 만들 수 있죠?

책의 활용도를 생각하면 크게 악기별 연주에 관한 책과 화성학, 음악통론 같은 음악 이론 서적, 악보집으로 나눌 수 있습니다. 자신의 전문성을 살려 책을 준비하는 것이 좋습니다. 저는 작곡을 전공하고 이론 수업 경험이 많아서 음악 이론 서적을 썼습니다. 피아노를 전공했다면 영화 OST나 가요 등을 편곡한 악보집을 만들 수 있습니다. 최근에는 다양한 음악 프로그램(DAW, 기보 프로그램)을 알려주는 교재도 활발하게 출간되고 있습니다.

4. 책을 만들 때 어려운 점은 무엇인가요?

설명이 잘 풀리지 않을 때입니다. 분명히 직접 연주도 할 수 있고 잘 아는 내용인데 글로 설명이 어려운 경우, 많은 고민이 생깁니다.

가끔 편집자와의 커뮤니케이션에서 어려움을 느끼는 일도 있습니다. 책을 제작하는 과정 중 편집자와 협의를 하는 일이 많은데 이때 작가와 편집자의 입장이 다른 경우, 원만한 합의점을 찾기 위해 노력해야 합니다.

5. 언제 책을 쓴 보람을 느끼시나요?

제가 쓴 책을 보고 도움을 받았다는 서평을 읽거나 메시지를 받았을 때 정말 보람을 느낍니다. 제 책이 학교나 학원에서 교재로 채택될 때도 감사한 마음이 듭니다. 저자의 노력과 나눔이 누군가의 음악 활동에 도움이 된다는 점이 작가로서 느끼는 큰 보람이라고 생각합니다.

6. 책 출간이 음악 활동에 어떤 도움을 줄 수 있을까요?

일단 책이 잘 팔리는 경우 인세 수입이 생깁니다. 큰 금액이 아니더라도 고정 수입이 생기면 음악 활동을 하는데 많은 도움이 되는 것이 사실입니다.

학교마다 차이가 있지만 대학 강사로 지원할 때도 경력을 인정 받을 수 있습니다. 출판사로부터 출간 증명서를 받거나 도서관 납본 서류로 출판 증명을 합니다.

이외에도 독자들과 소통하는 기회가 생기는 것도 음악적으로 많은 도움이 됩니다.

7. 음악 서적을 출간하고 싶은 학생들에게 조언 부탁드립니다.

자신의 이름이 들어간 책을 출간하는 일은 정말 귀중한 경험과 자산이 됩니다. 음악 분야의 책을 쓰고 싶은 학생이라면 학교에서 배우는 다양한 수업을 잘 듣고 정리하기 바랍니다. 다른 사람을 가르치는 일도 교재 집필에 중요한 경험이므로 작은 레슨이라도 문서로 준비하는 습관을 들이면 좋습니다.

무엇보다 자신이 이해한 내용을 다른 사람들과 나누는 일을 즐거워해야 합니다. 나의 노하우를 꼭꼭 감춰두지 않고 여러 사람과 나눌 때, 더 많은 배움의 기회가 생긴다는 사실을 기억하기 바랍니다.

윤영준 작곡가, 작가

일산오빠의 실용음악 시리즈 저자
(주)RBW 프로듀서
명지전문대학교 뮤직콘텐츠기획과 학과장

05

음향으로 할 수 있는 일

16. 레코딩 엔지니어

레코딩 엔지니어는 녹음 프로세스 전반을 지휘하는 일을 한다. 가수, 성우, 악기, 영화, 애니메이션 등 분야마다 최적의 레코딩 기술이 달라서 전문성이 매우 필요한 직업이다. 특별히 프로그램과 장비에 대한 투자가 지속적으로 이뤄지는 분야이기 때문에, 기술적 발전과 트렌드를 꾸준히 공부해야 한다.

♬ 나는 레코딩 엔지니어에 잘 어울리는 사람일까?

Check Point 예민한 청각, 기술, 협업 능력, 소프트웨어	매우 아니다	아니다	보통 이다	그렇다	매우 그렇다
귀가 예민하고, 작은 소리에도 민감한 편이다.	○	○	○	○	○
컴퓨터 프로그램을 잘 다룬다.	○	○	○	○	○
고장 난 기계를 잘 고치는 편이다.	○	○	○	○	○
다양한 장르의 음악을 듣는다.	○	○	○	○	○
산만한 환경에서도 집중할 수 있다.	○	○	○	○	○
완벽주의자 성향이 있다.	○	○	○	○	○
대화에 능하고, 상대방의 의도를 잘 파악한다.	○	○	○	○	○
컨디션 조절을 잘하는 편이다.	○	○	○	○	○
다채로운 소리에 관심이 많다.	○	○	○	○	○

※ 본 설문은 관련 종사자들의 의견으로 작성된 참고용 자료입니다.
해당 직업에 대한 절대적 기준이 아니며, 다른 의견도 있음을 알려드립니다.

매우 그렇다(5점) / 그렇다(4점) / 보통이다(3점) / 아니다(2점) / 매우 아니다(1점)

40~45점 당신을 위한 직업이군요.
30~39점 해당 분야에 재능이 있습니다.
20~29점 해당 직업에 대한 진지한 고민이 필요합니다.
20점 이하 다른 분야를 먼저 살펴보세요.

1. 레코딩 엔지니어는 어떤 일을 할까?

우리가 듣는 대부분의 노래는 레코딩 엔지니어의 작업을 통해 완성된다. 같은 소스(Source)를 가지고 작업하더라도 레코딩 엔지니어의 실력에 따라 전혀 다른 결과물이 나오기 때문에 엔지니어를 제2의 멤버라고 부르기도 한다.

기술보다 소통이 먼저다

레코딩 엔지니어의 업무는 의뢰받은 작업을 파악하는 것부터 시작한다. 녹음 유형(음반, 성우, CM 등)에 따라 기술적으로 주의해야 하는 부분을 체크하고, 클라이언트의 요구에 맞춰 준비 사항을 확인한다.

레코딩 엔지니어는 기술적으로
음악의 완성도를 높이는 사람이다.

엔지니어가 기술적인 지식이 많더라도 상대방의 눈높이에 맞춰 설명하고 설득할 수 있어야 모두가 만족하는 결과물이 나온다. 제작자와 소통하며 작업 방향을 정하고, 곡의 콘셉트를 최대한 살리는 노력이 필요하다. 아무리 실력이 좋더라도 소통과 협업이 어려운 엔지니어는 클라이언트와 좋은 관계를 유지하기 어렵다.

레코딩 엔지니어는 디렉팅 역량도 있어야 한다. 앙상블 녹음에서 문제가 있는 악기를 찾아내거나, 보컬의 음정, 테크닉 등을 잡아 주는 일도 있기 때문이다. 이때 주의할 점은 자신의 의견을 프로듀서와 상의하는 것이다. 최종 결정은 프로듀서가 할 수 있도록 의견을 제안하는 것이 좋다.

녹음은 세밀할수록 좋다

엔지니어의 진가는 기술적인 부분을 세밀하게 해결하는 데서 나타난다. 작업별로 마이크와 레코딩 장비를 선정하고 조합하는 일과 믹싱 콘솔 등에 입력된 신호의 음질, 음량을 확인하며 음성 신호를 녹음하는 과정에서 엔지니어의 디테일이 나타난다.

예를 들어 보컬 녹음을 할 때 가장 먼저 살펴봐야 할 것은 마이크와 보컬 사이의 거리이다. 성량이 풍부한 보컬, 가성을 많이 쓰는 보컬, 저음이 부족한 보컬 등에 따라 녹음 기술이 다르기 때문에 상황에 맞춰 마이크 거리를 설정해야 한다. 엔지니어의 세심한 작업에 따라 보컬의 장점이 부각되기도 하고, 단점을 감출 수도 있다. 헤드폰 볼륨도 소리가 너무 크면 보컬 목소리와 같이 녹음될 수 있으므로 볼륨 조절을 통해 목소리만 녹음해야 한다.

성우 녹음은 엔지니어의 예민함이 더욱 요구되는 작업이다. 작은 노이즈는 없는지, 대본에 맞춰 녹음이 진행되는지, 발음이 거센 부분은 없는지, 적당한 톤으로 말하는지 세심하게 파악하고 필요에 따라 디렉팅을 할 수 있어야 한다.

경험과 학습의 균형을 맞추자

녹음 후 작업을 믹싱이라고 한다. 녹음한 모든 소리를 모아 최상의 퀄리티로 만드는 단계이다. 악기 녹음의 경우 믹싱에서 각 악기에 맞는 좋은 이펙터를 넣어 사운드 퀄리티를 높인다. 믹싱을 할 때 적게는 스무 개 미만, 보통은 수십 개 이상의 트랙을 작업한다. 그래서 작업할 트랙의 순서를 정리하는 것이 필요하다. 정해진 순서가 있는 것은 아니지만 보통 '드럼 – 베이스 – 건반 – 기타 – 스트링 – 보컬' 순으로 작업하는 것이 좋다. 물론 엔지니어의 경험에 따라 작업 순서를 다르게 할 수 있다.

믹싱 밸런스는 마스터링까지 고려하면서 작업한다. 공간감을 주고 정위*를 맞추기 위해 이펙터, 오토메이션 등을 넣어 밸런스를 잡고 장르에 따라 다이내믹을 표현한다. 다이내믹은 해당 음악에 대한 이해가 있어야 하는데, 엉뚱한 악기에 다이내믹을 주면 이상한 결과가 나오기 쉽다. 밸런스와 음악의 개성을 잘 살리는 것이 중요하다. 예전의 마스터링은 CD 안에 들어가는 노래의 볼륨을 일괄적으로 맞추는 작업이었지만 음악을 듣는 방법이 음원으로 바뀌면서 믹싱을 마친 트랙 파일을 최상의 결과물로 만드는 최종 음질 작업을 의미하게 되었다.

믹싱 작업에서 악기의 레벨을 맞추고, 이펙터를 걸고, 밸런스를 맞췄지만, 마스터링에서 음량을 고르게 하기 위해 밸런스 작업을 다시 한번 진행한다. 밸런스를 잡을 땐 대부분 이퀄라이저를 먼저 사용하고 스테레오 이미징을 만들어준다. 전체적으로 소리가 밋밋하고 공간감이 덜 한 것 같으면 컴프레서와 리버브를 걸어 풍부한 소리를 만든다. 그 후에 익사이터 작업으로 소리를 선명하게 하고 리미터로 음량을 최대한 끌어올려 준다.

한 명의 엔지니어가 녹음과 믹싱, 마스터링까지 다 하기도 하지만 믹싱과 마스터링만을 전문적으로 하는 경우도 많기 때문에 레코딩 엔지니어, 믹싱 엔지니어, 마스터링 엔지니어로 구분하기도 한다.

---

* 정위란 공간에서 발생하는 음의 위치와 방향을 말한다.

2. 레코딩 엔지니어, 이렇게 준비하자.

관련 학과 진학

엔지니어가 목표라면 음향 관련 학과로 진학하는 것이 좋다. 음향 관련 학과가 개설된 국내 대학으로는 대표적으로 동아방송예술대가 있다. 하지만 실용음악 대학 중 음향 관련 학과가 없는 곳이 많기 때문에 미디 작곡과 같은 유관 전공 선택 후 음향 관련 수업을 듣는 것도 좋은 방법이다. 소규모 회사의 경우 레코딩과 함께 간단한 작·편곡을 담당하는 경우도 있어서 작곡을 배우는 것도 필요하다. 한편 영화 음향 관련 전공이 개설된 학교도 있는데 이 경우 음향 엔지니어보다 영화 사운드 제작으로 진출하는 일이 많다는 점에 유의하자.

있으면 좋다. 기술 자격증

엔지니어의 능력을 증명할 수 있는 가장 쉬운 방법은 관련 자격증을 취득하는 것이다. 대부분 녹음실이 프로툴을 사용하기 때문에 '프로툴(Pro Tools)' 자격증을 준비하는 것이 좋다. 오래전부터 사용하고 있는 프로그램이며 녹음실의 90% 정도가 프로툴 시스템으로 운영된다.

음향 관련 자격증은 한국음향학회에서 관리하는 음향 전문사 자격증이 있다. 이 자격증은 1~3급으로 나뉘고, 3급은 만 16세 이상이면 시험을 볼 수 있다. 2급 시험은 대학 2년 이상 또는 레코딩 엔지니어로 2년 이상 경력이 있는 경우, 1급은 대학 4년 이상 또는 전문대를 졸업하고 관련 경력이 2년 이상 있는 경우 자격이 주어진다. 이런 자격증 유무가 엔지니어의 역량을 나타내는 기준은 아니지만 레코딩 관련 공부를 꾸준히 했다는 사실을 증명할 수 있으므로 틈틈이 공부하여 취득하는 것을 추천한다.

경력을 만들자

대학생으로 음향 엔지니어 경력을 쌓 는 것은 쉬운 일이 아니다. 이럴 경우 학 교 방송국의 엔지니어로 활동하거나 교 내 행사의 음향을 담당하는 것도 좋은 경험이 될 수 있다.

디지털 음원을 출시하는 것도 추천한다. 음원을 제작하는 과정에서 전체적인 레코딩 프로세스를 경험할 수 있기 때문이다. 이런 경험과 결과물은 추후 입사 지원 시 자신의 스타일과 실력을 증명할 수 있는 무기가 될 수 있다. 물론 학생 때 부터 현장과 관련된 포트폴리오를 만드는 것이 가장 좋다. 규모가 작고 페이가 높지 않은 일이라도 기회가 된다면 꼭 해보는 것을 추천한다.

레코딩 엔지니어! 이것이 궁금해요?!

Q1. 엔지니어 공부를 이제 막 시작한 학생입니다. 모니터 스피커로 듣는 게 너무 적응이 안 됩니다. 꼭 모니터 스피커로 들어야 하나요?

레코딩 엔지니어가 갖춰야 할 세밀한 청각을 위해서는 반드시 모니터용 스피커로 음악을 들어야 합니다. 모니터용 스피커로만 들리는 세밀한 부분을 알아야 하기 때문입니다. 처음에는 낯설지만 듣다 보면 익숙해지니 너무 걱정하지 마세요.

Q2. 레코딩 엔지니어를 꿈꾸는 학생입니다. 잘 다루는 악기가 없는데 레코딩 엔지니어가 되기 위해서는 악기를 꼭 해야 하나요?

레코딩 엔지니어는 연주가 아닌 녹음을 하는 직업입니다. 물론 악기를 잘 다루면 작업할 때 도움이 되겠지만, 그렇지 않다고 해서 엔지니어를 못 하는 것은 아닙니다. 오히려 연주 실력보다 도움이 되는 것은 악기별 음색과 특징을 이해하는 것입니다.

Q3. 녹음실 보조로 들어갈 기회가 생겼습니다. 하지만 제가 생각한 것보다 월급이 너무 적습니다. 좀 더 준비해서 다른 곳으로 가는 게 좋을까요?

개인적인 의견은 보조로 들어가서 실무 경험을 쌓는 것이 좋다고 생각합니다. 녹음실에서 일할 기회는 자주 있는 편이 아닙니다. 엔지니어 업무를 가까이에서 배울 수 있는 곳이라면 기회를 살리기 바랍니다. 경력도 인정받을 수 있어서 나중에 경력직 엔지니어 모집에 지원할 수 있습니다.

1. 음향 엔지니어는 주로 어떤 일을 하나요?

노래를 부르거나 악기를 연주할 때, 소리(Sound)를 잘 모아야 듣기가 좋습니다. 그래서 소리를 전문적으로 만지는 직업이 따로 존재합니다. 소리를 어떤 멜로디와 박자로 만들 것인지 고민하는 사람이 음악가라면 소리를 모으고 다듬는 사람이 음향 감독(음향 엔지니어)입니다. 사실 음악하는 사람과 음향 하는 사람을 따로 분리할 수 없을 정도로 밀접하게 연관되어 있습니다. 음악이 곧 소리이고 소리가 곧 음악이기 때문입니다. 이런 면에서 음향 엔지니어는 기술적인 부분을 담당하는 음악가라고 할 수 있습니다.

2. 음향 감독을 직업으로 선택한 계기가 있으신가요?

중학교 2학년 때 친구들과 밴드를 만들 정도로 음악을 좋아했습니다. 하지만 프로 연주자로 활동할 실력까지는 부족하다고 생각해서 공대로 진학했습니다. 그러던 중 대학교에서 우연히 미국 음향 전문 잡지를 보게 되었습니다. 표지에 믹싱 콘솔과 빈 의자가 있었는데 너무 멋져 보였습니다. 그때 '내가 연주는 부족하지만,

이 분야로 음악을 할 수 있겠다. 내가 저 의자에 앉아야겠다'라고 결심했습니다. 공대에 다니다 보니 기술적인 것에 익숙했고 음악 활동을 계속했기 때문에 음악적인 부분도 괜찮겠다는 생각이 들었습니다. '내가 잘하는 것으로 음악을 할 수 있겠구나'라고 생각하니 정말 좋았습니다. 그때부터 음향 쪽으로 진로를 정하고 공부를 시작했습니다.

3. 음향 감독이 되기 위해서 어떤 공부를 해야 하나요?

일단 똑똑해야 합니다. 왜냐하면 굉장히 여러 분야를 다루기 때문입니다. '음악을 잘 알고 컴퓨터를 잘 다루면 음향 엔지니어가 될 수 있지 않을까?'라고 생각하지만, 이것은 음향 엔지니어의 조건이 아닌 기본입니다. 음향 감독은 프로듀서, 작곡과와 소통하며 만족스러운 결과물을 만들어야 합니다. 그래서 대화 속에서 기술적인 단어, 음악적인 용어, 감성적인 말들이 막 섞여 나옵니다. 이런 부분을 이해하고 결과를 만들려면 음악과 기술을 잘 알아야 합니다. 음악 이론, 음향 이론, 하드웨어와 소프트웨어 등을 열심히 공부해야

합니다. 다만 작업하는 모든 과정이 곧 예술이기 때문에 이론만으로 채울 수 없는 것도 분명히 있습니다.

4. 음향 감독의 근무 형태나 환경은 어떤가요?

사실 음향 감독이 활약하고 있는 분야가 매우 많습니다. 처음에 말씀드렸던 것처럼 소리가 나고 소리를 만져야 하는 분야 어디에나 전문 음향인이 있습니다. 그곳이 방송국일 수도 있고 라이브 콘서트 무대, 영화나 드라마를 제작하는 현장일수도 있습니다. 애니메이션이나 게임을 제작하는 멀티미디어 분야에서도 일을 많이 합니다. 저 같은 경우는 주로 음악을 만드는 환경에서 일합니다.

이렇게 하는 일이 다양하다 보니 분야마다 근무 형태도 다릅니다. 방송국이나 회사는 직원으로 월급을 받고, 공연 같은 경우는 파트타임이나 외주 형태로 업무를 합니다. 음악 제작은 주로 스튜디오에서 일하는데 음향 감독이 스튜디오 직원인 경우는 거의 없습니다. 대부분 프리랜서로 일합니다. 같은 음향이라도 전문적으로 어떤 분야에서 활동하느냐에 따라 각각의 특수성이 큰 편입니다.

5. 음향 감독이란 직업의 매력은 무엇인가요?

일반적으로 작곡, 편곡 단계에서 음악이 결정된다고 생각하지만, 사실은 소리를 가공하는 후반 작업에서 너무나 많은 변화가 생깁니다. 그래서 '거의 완성됐다' 싶은 음악도 소리를 조금씩 만지다 보면 갑자기 분위기가 달라지기도 합니다. 이런 경우 제작자와 합의점을 찾고 좋은 음악을 완성했을 때 보람과 희열을 느낍니다. 그래서 누가 뭐래도 음향 감독은 기술자보다 음악가입니다.

CD가 아닌 디지털로 음원이 유통되면서 많이 없어졌지만, 크레딧에 이름이 적혀있는 것을 볼 때도 보람을 느낍니다. 음반이 나왔다고 인사를 해주시고 CD를 보내주시면 정말 고맙습니다. 요즘에는 이런 부분이 많이 사라져서 아쉽습니다.

6. 엔지니어의 힘든 점은 무엇인가요?

계속해서 여러 사람과 협업하는 일이기 때문에 관계에서 힘이 들 때가 많습니다. 항상 스타일이나 성격이 비슷한 사람끼리 작업할 수는 없거든요. 그래서 음향쪽은 열린 마음을 갖는 것이 중요합니다. 업무 시간이 불규칙한 것도 힘든 점입니다. 서로 협의해서 조절하기도 하지만 주로 저녁 시간에 일하기 때문에 가족의 이해가 필요합니다. 작업의 양이 일정하지 않아 수입이 들쑥날쑥한 것도 음향 감독으로 활동하려면 꼭 생각해야 하는 부분입니다.

7. 엔지니어를 꿈꾸는 학생들에게 조언 한마디 부탁드립니다.

엔지니어를 꿈꾼다면 각오를 단단히 다질 필요가 있습니다. 가끔 실용음악을 하다가 잘 안 풀려서 엔지니어 쪽을 기웃거리는 사람이 있는데 이 분야를 쉽게 생각하고 접근하면 아무것도 이룰 수 없습니다. 지금은 국내 대학에도 음향 전공이 생겼고 입학한 친구들을 보면 '아니 이걸 어떻게 알았지?' 싶을 정도로 음향에 관심이 높은 학생들이 많습니다. 사실 엔지니어가 흔하긴 합니다. 레코딩 분야에 접근이 쉬워졌고 장비도 저렴해지고 누구나 녹음을 할 수 있기 때문입니다. 그래서 '나도 엔지니어야, 음향 감독이야'라는 사람이 많아졌는데 정말 꾸준한 노력으로 실력을 인정받는 분은 많지 않습니다. 이

분들의 공통점은 정말 음악이 좋아서 미쳐있다는 점입니다. 이 단계까지 가지 못하면 음향 감독으로 꿈을 이루었다고 말하기 어렵습니다.

하지만 자신이 정말 좋아서 하는 일은 당장 힘들어도 견딜 수 있습니다. 저도 수많은 밤을 새우면서 작업을 했는데 음악이 좋아서 그 시간을 보냈지 관심 없는 일을 한다고 생각하면 하루도 버티기 힘들었을 것 같습니다. 이렇게 좋아하는 일을 하다 보면 어느새 수입도 생기고 직업인이 된 모습을 발견할 겁니다. 좋아하는 일을 한다는 것이 얼마나 행복한지 생각해봤으면 합니다. 내 인생에 가치 있는 일이라면 뒤를 돌아보지 말고 목표를 향해 달려가기 바랍니다.

채승균 음향 감독

런던 Kingston University 뮤직 테크놀로지 전공
소닉코리아 스튜디오 음향 감독
사) 한국음향예술인 협회 이사
동서울대학교 케이팝학과 학과장

17. 라이브 엔지니어

라이브 엔지니어는 콘서트, 방송, 행사 등 무대의 사운드를 총괄하는 직업이다. 공연에서 쓰는 음향 장비를 다룰 줄 알아야 하고, 무대 음악에 대한 이해가 필요하다. 다루는 장비 규모가 크기 때문에 안전 의식에 철저해야 한다. 단독으로 일하기보다 많은 스태프와 함께 일하므로 커뮤니케이션 능력과 협동심이 필수적이다.

♬ 나는 라이브 엔지니어에 잘 어울리는 사람일까?

Check Point 현장, 장비 이해, 체력, 청음 능력	매우 아니다	아니다	보통 이다	그렇다	매우 그렇다
상황 판단이 빠르고 임기응변 능력이 있다.	○	○	○	○	○
장비 신호에 민감하며 기계를 섬세하게 다룬다.	○	○	○	○	○
다양한 케이블 종류를 알고 있다.	○	○	○	○	○
음향 장비에 대한 기초 지식이 있다.	○	○	○	○	○
이퀄라이저를 조작할 줄 안다.	○	○	○	○	○
커뮤니케이션에 강하고 협업을 잘한다.	○	○	○	○	○
기초 체력이 좋은 편이다.	○	○	○	○	○
여러 채널의 소리를 구분해서 잘 듣는다.	○	○	○	○	○
배움의 기회가 있으면 환경이 열악해도 도전한다.	○	○	○	○	○

※ 본 설문은 관련 종사자들의 의견으로 작성된 참고용 자료입니다.
해당 직업에 대한 절대적 기준이 아니며, 다른 의견도 있음을 알려드립니다.

매우 그렇다(5점) / 그렇다(4점) / 보통이다(3점) / 아니다(2점) / 매우 아니다(1점)

40~45점 당신을 위한 직업이군요.
30~39점 해당 분야에 재능이 있습니다.
20~29점 해당 직업에 대한 진지한 고민이 필요합니다.
20점이하 다른 분야를 먼저 살펴보세요.

1. 라이브 엔지니어, 이런 일을 한다.

실력파 가수들은 라이브 무대를 선호한다. 관객의 환호를 바로 앞에서 느낄 수 있기 때문이다. 생생한 사운드는 모두 엔지니어의 도움으로 가능하다. 무대에서 발생하는 갑작스러운 상황에 대비해 늘 긴장을 놓을 수 없는 직업이기도 하다.

사운드 엔지니어링

라이브 엔지니어는 공연 사운드를 관객에게 전달하는 기술 책임자이기 때문에 준비 단계부터 무대에 관여한다. 무대의 크기나 공연 시간, 음악 장르에 따라 사운드를 조절하는 방법이 다르기 때문에 가수, 공연 기획자, 연

주자, 음악 감독과 충분한 커뮤니케이션을 통해 공연의 방향성을 정확하게 파악해야 한다.

예를 들어 장시간 공연에서 선명한 악기 소리를 강조하는 카랑카랑한 사운드를 출력한다면 관객은 피곤함을 느낄 수 있다. 그렇다고 너무 둥글둥글한 소리를 출력하면 무료함을 느낀다. 그래서 엔지니어는 무대 순서와 곡의 성격에 따라 임팩트 있는 사운드, 부드러운 사운드, 청량한 사운드 등 콘셉트에 맞춰 소리를 조절할 줄 알아야 한다.

무대 밸런싱 조절

라이브 엔지니어는 악기 배치와 소리 방향을 고려하며 무대 밸런싱을 맞추는 일도 한다. 악기 수가 적을 때는 티가 나지 않을 수 있지만, 하우스 밴드나 오케스트라같이 큰 무대의 경우 공간감을 고려하지 않고 연주를 하면 소리가 뒤엉키게 된다. 이때는 아무리 좋은 스피커를 여러 개 써도 소용이 없다. 좋은 밸런싱이란 무대의 좌, 우, 위, 아래, 중앙에 균형 있게 소리를 퍼트려 공간감을 만들어 주는 것을 말한다. 간혹 밸런스를 맞춰 놨는데 공연 직전에 연주자가 볼륨을 올려달라고 할 때가 있다. 이때는 밸런스가 깨지지 않는 선에서 요구를 들어줘야 한다. 공연 직전에 여러 악기를 다시 배치하고 새로 체크하는 것은 불가능하기 때문이다.

일반적으로 가요 무대는 메인 보컬의 소리를 침범하지 않는 선에서 악기와 코러스를 세팅한다. 메인 보컬은 적당한 리버브와 딜레이로 위에서 나는 듯하게 처리하며, 코러스는 메인 보컬 아래 깔리는 느낌으로 좌우에 배치한다. 킥과 베이스는 아래쪽에서 들리도록 세팅하고 나머지 악기도 메인 보컬보다 튀지 않도록 밸런스를 조절한다.

PA* 장비 관리

스피커, 마이크, 콘솔, 앰프 등 기본적인 장비부터 고가의 밸런싱 기계까지 모든 음향 장비를 관리하는 것도 엔지니어의 몫이다. 음향 장비의 상태는 사운드에 직접적인 영향을 미치기 때문에 철저히 관리해야 한다. 예를 들어 예민하고 성능이 좋은 마이크일수록 테스트에 주의한다. 순간적인 큰 소리는 믹서, 앰프, 스피커 기능에 손상을 줄 수 있다.

---

* PA는 Public Address의 약자로, PA 장비는 공연장에 설치하는 대형 오디오 시스템을 말한다.

앰프나 믹서는 열이 많이 나기 때문에 다른 장비 사이에 두지 말고 서늘하고 습하지 않는 곳에 별도로 설치한다. 한편 음향 장비 세팅 중 가장 빈번한 실수는 설치 완료 전 전원을 켜는 것이다. 설치 도중 갑자기 전원을 켜면 스파크가 일어나 장비가 손상될 수 있다. 케이블이 엉키는 것도 피해야 한다. 엉킨 케이블 때문에 잡음이 발생하기도 한다.

2. 라이브 엔지니어를 준비하는 올바른 자세

엔지니어의 자세로 공연 관람하기

좋은 소리를 들어본 사람만이 좋은 소리를 만들 수 있다. 라이브 엔지니어가 되고 싶다면 공연장에 자주 가서 사운드를 듣고 분석해야 한다. 가령 악기 밸런스를 어떻게 잡았는지, 장르마다 킥 소리는 어떻게 다른지 등을 분석하는 것이다. 또한 공연 무대를 눈으로 익히는 것도 중요하다. 현장의 다양한 무대 구조에 맞춰 악기와 장비의 배열이 어떻게 바뀌는지 눈여겨보자. 이렇게 살아있는 공부를 해야만 실제 현장에서 일하는 기회가 오면 여러 가지 상황에 당황하지 않고 대처할 수 있다.

공부는 꾸준히

엔지니어는 지속적인 학습이 필요한 분야이다. 현장 경험이 빛을 발하려면 음향에 관한 충분한 지식이 있어야 한다. 음향은 음악적인 지식이나 자질뿐만 아니라 수학, 전자공학, 건축학(공간) 등에 관한 이해도 있어야 한다. 영어로 된 음향 장비 매뉴얼이나 서적을 보는 일도 많기 때문에 기본적인 영어 실력도 갖추는 것이 좋다.

라이브 엔지니어! 이것이 궁금해요?!

Q1. 음향 엔지니어가 되고 싶은데, 부모님께서 음악 대학에 진학하는 것을 반대합니다. 어떻게 하는 게 좋을까요?

음향 엔지니어가 되기 위해서 꼭 음악 대학이나 음향학과를 졸업해야 하는 것은 아닙니다. 실제 활동하는 엔지니어 중 공학을 전공한 분도 많습니다. 부모님께서 음악 대학을 완강하게 반대하신다면 전자공학이나 이와 유사한 학과로 진학하는 것을 추천합니다. 음향의 많은 부분이 공학과 관련 있기 때문에 추후 음향 공부에 직접적인 도움이 됩니다.

Q2. 음향 엔지니어가 되고 싶은 여고생입니다. 공부 외에 또 어떤 준비를 하면 좋을까요?

최근 여성 엔지니어가 늘어나고 있습니다. 여성들의 섬세한 성격이 음향 분야에도 좋은 영향을 주고 있다고 생각합니다. 학교 공부와 더불어 악기 연주도 배우고 시퀀싱 프로그램을 공부하는 것도 추천합니다. 다만, 라이브 엔지니어는 공연장 세팅을 위해 무거운 장비를 옮기는 일이 많아서 체력 관리도 잘하기 바랍니다.

Q3. 음향을 배울 수 있는 학교를 일러주세요.

실용음악의 인기가 높아지면서 국내에도 음향 관련 교육을 하는 곳이 많아졌습니다. 동아방송예술대학에 음향 제작과가 있고, 서울호서예술실용전문학교(공연음향 엔지니어), 서울종합예술실용학교(사운드엔지니어)에도 관련 수업이 있습니다. 음향학과가 없는 실용음악대학이라도 전공 필수나 교양 과목으로 음향 수업이 있으니 참고 바랍니다.

18. 방송 음악 오퍼레이터

드라마, 뉴스, 예능 등 거의 모든 방송에는 음악(효과음)이 삽입된다. 방송 음악 오퍼레이터는 영상을 돋보이게 할 음악을 선곡하고 편집하는 일을 하는 사람이다. 영상 속 음악은 시청자에게 미치는 영향이 크기 때문에, 방송 음악 오퍼레이터는 콘텐츠 파악 능력과 선곡 센스가 매우 좋아야 한다.

♬ 나는 방송 음악 오퍼레이터에 잘 어울리는 사람일까?

Check Point 최신 트렌드, 영상, 의도 파악, 시간 약속	매우 아니다	아니다	보통 이다	그렇다	매우 그렇다
음악을 다양하게 듣고, 유행하는 음악을 알고 있다.	○	○	○	○	○
큐베이스, 로직, 베가스 등의 사용법을 알고 있다.	○	○	○	○	○
사람의 말투나 분위기를 파악하는 데 능숙하다.	○	○	○	○	○
밤을 새워 작업할 정도의 체력을 가지고 있다.	○	○	○	○	○
어떤 일이든 끝까지 해내는 근성이 있다.	○	○	○	○	○
오랜 시간 영상을 보는 데 익숙하다.	○	○	○	○	○
영화 OST, 광고 음악 등에 관심이 많다.	○	○	○	○	○
전체를 보는 안목이 있다.	○	○	○	○	○
시간에 맞춰 맡은 일을 해내는 편이다.	○	○	○	○	○

※ 본 설문은 관련 종사자들의 의견으로 작성된 참고용 자료입니다.
해당 직업에 대한 절대적 기준이 아니며, 다른 의견도 있음을 알려드립니다.

매우 그렇다(5점) / 그렇다(4점) / 보통이다(3점) / 아니다(2점) / 매우 아니다(1점)

40~45점 당신을 위한 직업이군요.
30~39점 해당 분야에 재능이 있습니다.
20~29점 해당 직업에 대한 진지한 고민이 필요합니다.
20점이하 다른 분야를 먼저 살펴보세요.

1. 방송 음악 오퍼레이터, 이런 일을 한다.

방송 음악 오퍼레이터의 주된 역할은 선곡과 편집이다. 간혹 작곡을 하고 싶은 사람이 오퍼레이터로 지원하는 경우가 있는데, 방송 음악 오퍼레이터가 편곡이나 효과음을 만드는 일은 종종 있지만, 직접 노래를 작곡하는 일은 드물다는 것을 알아야 한다.

TV 프로그램 음악 선곡

방송 음악 오퍼레이터는 선곡 능력이 뛰어나야 한다. 좋은 선곡을 하려면 다양한 배경 음악을 잘 알고 있어야 하고 차트에 있는 음악에도 관심을 가져야 한다. 방송 프로그램의 음악 선곡 기준은 '상황에 어울리는가?'이다. 당연한 이야기지만, 드라마 속 주인공이 헤어지는 슬픈 장면

영상에 노래와 효과음을 삽입하는 게 방송 음악 오퍼레이터의 주요 업무이다.

에서 빠른 템포의 곡이 나온다거나, 코믹한 예능 장면에서 느리고 어두운 분위기의 음악이 흐른다면 시청자의 몰입을 방해할 수 있다. 또한 전체적인 선곡이 프로그램의 콘셉트에도 잘 녹아들어야 한다. 장면들이 자연스럽게 연결되도록 음악으로 분위기를 유도하는 것도 방송 음악 오퍼레이터 역할이다.

선곡할 때 복잡한 음악의 사용은 신중하게 결정해야 한다. 실용음악 전공자의 경우 다소 어려운 음악을 선호하는 경향이 있는데 자주 바뀌는 코드와 멜로디, 빠른 리듬은 영상의 흐름을 방해할 수 있고, 심할 경우 시청자가 등장인물의 대사에 집중할 수 없게 만들기도 한다.

믹싱

음악을 선곡한 후에는 편집을 통해 영상과 잘 어울리도록 믹싱 작업을 해야 한다. 이때 주의할 점은 영상과 음악의 시작과 끝이 같아야 한다는 것이다. 영상보다 음악이 더 길어서는 안 되고, 의도적인 경우를 제외하고는 영상보다 음악이 빨리 끝나서도 안 된다. 슬픈 감정이 고조되는 상황에서 갑자기 음악이 끊긴다면 시청자의 몰입은 순식간에 무너진다. 프로그램은 일반적으로 큐베이스, 로직, 베가스 등을 많이 이용한다. 오퍼레이터를 희망한다면 학생 때부터 소프트웨어 사용에 익숙해지는 것이 좋다. 보통 오퍼레이터는 완성된 사운드 파일을 영상팀에 넘기는 것까지 담당하며, 영상과 음악을 합치는 일에는 관여하지 않는다.

효과음 작업

방송에는 음악뿐만 아니라 다양한 효과음이 삽입된다. 특히 예능과 아동 프로그램은 효과음으로 포인트를 주어야 재미가 있다. 오퍼레이터는 효과음을 모아둔 라이브러리를 이용해 샘플을 찾거나 상황에 따라 새로운 효과음을 만들기도 한다. 가만히 생각해 보면 예능이나 드라마, 각종 프로그램에서 특정 인물을 떠올렸을 때 생각나는 효과음이 있을 것이다. 캐릭터의 효과음이 시청자에게 각인되면, 그 소리가 나오기만 해도 영상에 몰입할 수 있다. 하지만 아무리 좋은 효과음도 과용하면 산만한 느낌을 주기 때문에 빈도를 잘 조절해야 한다.

저작권 처리

퍼블릭 도메인(Public Domain)* 음악이나, 사용권 계약을 맺은 샘플 음원은 방송 영상에 얼마든지 사용해도 문제가 없다.

---

* 퍼블릭 도메인(Public Domain)이란 저작권이 소멸된 저작물을 말한다.

하지만 대중가요처럼 저작권이 살아 있는 음악을 사용할 경우, 관련 저작권 처리 업무도 방송 음악 오퍼레이터가 한다. 저작권이 있는 음원은 저작권 신탁 관리 단체를 통해 사용 계약 후 이용한다. 어떤 장면에 얼마나 해당 음악을 사용 하는지 꼼꼼히 체크해야 한다. 사용 기간이 끝나면 갱신 계약을 하는 것도 잊어 서는 안 된다.

2. 방송 음악 오퍼레이터, 이렇게 준비하자.

프로그램은 미리 연습하자

오퍼레이터로 활동하려면 음악 편집 프로그램을 잘 다뤄야 한다. 회사에 들 어가서 새롭게 프로그램을 배우는 일은 거의 없고 신입이라도 일정 수준의 프 로그램 사용 능력이 검증돼야 한다. 따라서 학생 때부터 큐베이스, 로직, 베가 스, 프리미어 같은 프로그램을 두루 접해보고 한두 가지 소프트웨어는 잘 다룰 수 있도록 준비하자.

대중의 취향에 익숙해지기

방송 음악 오퍼레이터는 시청자에게 익숙한 음악이 무엇인지 잘 알고, 대중 의 음악적 호불호를 판단하는 센스가 필요하다. 간혹 자신이 좋아하는 음악 위 주로 선곡을 하는 사람이 있는데 시청자에게 너무 생소한 음악은 영상에 몰입 하는 데 방해가 될 뿐이다.

방송 음악 오퍼레이터가 되려면 자신의 취향보다 대중에게 친숙한 음악, 듣 기 불편하지 않은 음악이 무엇인지 판단하는 능력을 키워야 한다. 음악 차트의 상위권 노래에 늘 관심을 갖고 왜 대중이 이런 음악을 좋아하는지 고민하자.

나만의 라이브러리 만들기

방송 음악 오퍼레이터는 선곡 능력이 중요하기 때문에 여러 장르의 다양한 곡을 바로 찾을 수 있어야 한다. 아는 노래가 많아도 적절할 때 기억나지 않는다면 소용이 없다.

적재적소에 맞는 노래를 찾기 위해서는 곡을 분류해서 모아두는 라이브러리 작업을 해야 한다. 보통 분위기나 장르를 기준으로 곡을 모으는 경우가 많은데, 의외로 가사에 따라 노래를 분류하는 것도 좋은 방법이다. 시청자의 연령을 고려하여 선호하는 노래를 따로 모아두는 것도 도움이 될 수 있다. 자신만의 기준을 가지고 곡을 모으다 보면 노래를 잘 기억할 수 있고 포트폴리오 작업을 하는 데도 유용하게 사용할 수 있다.

방송 음악 오퍼레이터! 이것이 궁금해요?!

Q1. 궁극적으로 작곡을 하고 싶은 학생입니다. 방송 음악 오퍼레이터 경험이 도움이 될까요?

회사에 따라 차이가 있지만 방송 오퍼레이터가 직접 곡을 쓰는 경우는 많지 않습니다. 간단한 BGM 작곡은 자주 하는 편이지만 가요 같은 노래를 만드는 일은 없습니다. 다만 외주 음악 회사는 다양한 음악 작업을 하므로 방송 오퍼레이터로 입사했더라도 작곡 능력이 좋다면 추후 관련 직무를 맡을 수 있습니다.

Q2. 방송 음악 오퍼레이터의 업무 형태는 어떤가요?

일반적인 직장처럼 출퇴근 시간이 있습니다. 하지만 송출 시간이 정해져 있는 방송 관련 업무를 하다 보니 회사가 아닌 방송사 스케줄에 따라 일하는 경우가 대부분입니다. 또한 영상이 있어야 음악 작업을 할 수 있기 때문에 영상 전달이 늦어지면 업무를 타이트하게 해야 하는 경우도 생깁니다. 이런 상황 때문에 방송 음악 오퍼레이터는 탄력적인 근무를 자주 합니다.

Q3. 방송 음악 오퍼레이터의 급여는 어느 정도인가요?

다른 분야와 비교해 보면 방송 음악 오퍼레이터의 신입 연봉은 높시 않은 편입니다. 하지만 시간이 지날수록 능력에 따라 연봉 차이가 크게 나는 분야이기도 합니다. 방송 음악이 좋아 일을 시작했다면, 쉽게 포기하지 말고 꾸준히 경력을 쌓는 것이 좋습니다. 능력을 인정받으면 큰 프로젝트를 맡을 수 있고, 자연스럽게 수입도 올라갑니다.

19. 폴리 아티스트

영상에 맞춰 다채로운 사운드를 만드는 사람을 폴리 아티스트라고 한다. 과거에는 효과음 담당이라고 불렀지만, 현장감을 끌어올리는 사운드 제작이 중요해지면서 폴리 아티스트라는 단어를 사용하기 시작했다.

♬ 나는 폴리 아티스트에 잘 어울리는 사람일까?

Check Point 창의성, 사운드 연구, 영상	매우 아니다	아니다	보통 이다	그렇다	매우 그렇다
소리에 대해 호기심이 많다.	○	○	○	○	○
영화와 애니메이션 감상을 좋아한다.	○	○	○	○	○
영상을 여러 번 반복해서 보는 습관이 있다.	○	○	○	○	○
독특하고 기발한 아이디어를 잘 생각해 낸다.	○	○	○	○	○
글을 빨리 읽고 내용 이해를 잘 한다.	○	○	○	○	○
임기응변에 강한 편이다.	○	○	○	○	○
컨디션 조절을 잘하는 편이다.	○	○	○	○	○
청각이 예민하고 음감이 좋다.	○	○	○	○	○
새로운 방법으로 도전하는 것을 즐긴다.	○	○	○	○	○

※ 본 설문은 관련 종사자들의 의견으로 작성된 참고용 자료입니다.
해당 직업에 대한 절대적 기준이 아니며, 다른 의견도 있음을 알려드립니다.

매우 그렇다(5점) / 그렇다(4점) / 보통이다(3점) / 아니다(2점) / 매우 아니다(1점)

40~45점 당신을 위한 직업이군요.
30~39점 해당 분야에 재능이 있습니다.
20~29점 해당 직업에 대한 진지한 고민이 필요합니다.
20점 이하 다른 분야를 먼저 살펴보세요.

1. 폴리 아티스트, 이런 일을 한다.

폴리 아티스트는 영상의 실감 나는 표현을 위해 다양한 소도구와 장비로 음향 효과를 만드는 일을 한다. 할리우드 효과음의 장인으로 알려진 사운드 디자이너 '잭 폴리(Jack Foley 1891~1967)'의 이름에서 따온 용어이다.

시나리오 분석과 제작 계획

폴리 아티스트는 영상의 어떤 부분에서 폴리 사운드가 필요한지 결정하고 녹음 계획을 수립한다. 시나리오를 읽고 전체적인 사운드 녹음 준비를 하고, 실제 촬영 영상을 보면서 폴리 사운드를 제작한다. 폴리 아티스트는 작품을 분석할 때 사운드뿐만 아니라 배우의 감정과 장면의 분위기도 유의해서 봐야 한다. 가령 부부 싸움

효과음 장인으로 불리는 잭 폴리

후 저녁을 준비하는 장면에서 경쾌한 칼 사운드가 난다면 영상의 의도와는 다른 결과가 나온다. 직장 상사에게 혼난 후 퇴근하는 남자의 발자국 소리는 평소보다 느리고 우울한 느낌으로 만들어야 한다. 이처럼 폴리 아티스트는 극의 흐름을 잘 이해해야 최적의 사운드를 만들 수 있다.

폴리 사운드 녹음과 편집

문 여닫는 소리, 발자국 소리 등을 현장 마이크로 녹음하면 사운드가 뚜렷하지 않다. 한마디로 우리가 평소 영상에서 듣던 소리가 나지 않는 것이다. 일상의 평범하고 작은 소리는 촬영 현장의 상황에 따라 왜곡되기 때문에 따로 녹음해야 한다. 폴리 아티스트는 창의적인 방법을 통해 이런 상황에 맞는 효과음을

제작한다. 새의 날갯짓이나 격투 소리는 질긴 옷감을 이용해 만들고, 파도 소리는 나무 합판에 구슬을 굴려 제작하기도 한다.(파도의 크기에 따라 구슬의 양을 늘리거나 줄인다.) 눈 밟는 소리는 전분 가루와 밀가루를 고무장갑에 넣고 만지거나 소금을 바닥에 뿌리고 밟아서 만들기도 한다.

소품 사용 대신 직접 연기를 따라 하면서 효과음을 만들기도 한다. 그래서 폴리 아티스트는 적절한 연기력과 탁월한 감각이 필요하다. 능숙한 폴리 아티스트는 영상 속 배우의 움직임을 몇 번 보고 바로 따라 하면서 녹음을 진행한다. 한 가지 주의할 점은 인물의 효과음을 녹음할 경우 그 사람의 신체 특징에 맞춰 사운드를 제작해야 한다는 것이다. 가벼운 사람과 체구가 있는 사람의 발자국 소리는 같을 수 없다. 배우의 보폭이나 걷는 습관에 따라 사운드가 달라지기도 한다. 또한 영상 배경이 실내인지 실외인지에 따라서 소리의 톤도 달라진다. 같은 소리라도 장소마다 느낌이 다르기 때문이다.

녹음은 영상의 싱크에 맞춰 진행한다. 액션이 크고 많은 씬일수록 같은 장면에 최소 다섯 가지 이상의 소리를 녹음해 편집한다. 전쟁 장면의 칼 부딪히는 소리를 만들 때는 한 가지 칼 소리만 반복해서 사용할 수 없다. 여러 종류의 칼이 다양한 강도로 부딪히는 소리를 만들어야 영상의 생생함을 살릴 수 있다.

2. 폴리 아티스트, 이렇게 준비해 보자.

분석적 영화 보기

폴리 아티스트로 활동하려면 영화 음향에 대한 전문 지식이 필수이다. 또한 영화 산업 전반에 대한 관심이 있어야 한다. 폴리 아티스트는 영화를 즐겨 보되 사운드에 집중하며 효과음이 어떤 작업을 통해 만들어졌는지 고민하는 태도가 필요하다. 이런 사운드 분석적 영화 보기를 하다 보면 자연스럽게 효과음의 특징을 이해하고, 녹음 작업 시 적절한 사운드를 수월하게 찾을 수 있다.

일상의 소리에 관심 갖기

폴리 아티스트가 되기 위해서는 일상의 작은 소리에도 관심을 기울여야 한다. 일상 속의 다양한 소리를 경험해야 실제 영화에서 필요한 사운드를 만들어 낼 수 있다. 좋은 소리를 발견했다면 녹음을 하고, 어떻게 그 소리를 만들 수 있는지 연구해야 한다. 요즘은 스마트폰을 통해 어디서나 녹음을 할 수 있기 때문에 특징 있는 소리라면 놓치지 말자.

연기도 중요하다

폴리 아티스트는 영화에 필요한 소리를 직접 연기하면서 녹음을 하는 경우가 많다. 따라서 평소 배우의 연기를 따라 해보는 연습이 필요하다. 영화 제작 특성상 오프닝 날짜가 다가올수록 밤을 새워 녹음하는 일이 많다는 것도 기억해야 한다.

인연을 기회로 만들어라

아직 국내에는 폴리 아티스트를 전문적으로 양성하는 기관이 없는 실정이다. 그래서 영화 음향 전공을 살려 폴리 아티스트가 되는 경우가 많다. 아직 국내에서는 생소한 직업이기 때문에 현장 종사자의 추천으로 일을 시작하는 편이다. 학교에서 진행하는 특강에 현직 폴리 아티스트가 온다면 기회를 살려 관계를 맺는 것도 좋다. 물론 평소 준비가 잘 되어 있어야 찾아온 기회를 잡을 수 있다. 자신의 작업물을 언제든 보여줄 수 있는 준비가 필요하다. 실제로 내가 아는 한 학생의 경우, 백여 개의 작업 리스트를 스마트폰에 정리해 놓고 필요할 때 언제든지 들려줄 준비가 되어있었다.

폴리 아티스트! 이것이 궁금해요?!

Q1. 폴리 아티스트라는 직업에 매력을 느낀 학생입니다. 저는 공포 영화를 좋아하는데요. 공포 영화에 나오는 잔인한 장면은 어떻게 소리를 만드나요?

공포물은 과일을 이용해서 사운드를 제작하는 경우가 많습니다. 가령 머리를 가격하는 장면은 수박을 깨면서 소리를 만들기도 하고, 칼로 찌르는 소리는 과일을 칼질해서 만드는 식입니다. 유튜브를 검색하면 실제 폴리 아티스트가 작업하는 과정을 볼 수 있으니 참고 바랍니다.

Q2. 폴리 아티스트의 근무 환경과 급여 수준은 어떻게 되나요?

폴리 작업은 영화의 마무리 단계에서 진행하기 때문에 제작 일정에 맞춰 빡빡한 스케줄을 소화해야 합니다. 바쁠 때는 밤샘 근무도 많습니다. 하지만 작업이 없는 기간에는 다른 분야보다 비교적 한가합니다. 한 마디로 일을 몰아서 하는 편입니다. 신입 폴리 아티스트의 경우 중소기업 신입 연봉 정도로 일을 시작합니다.

Q3. 운이 좋게 폴리 아트실의 인턴으로 들어가게 되었습니다. 주로 어떤 일을 하나요?

인턴이나 신입 때는 일을 수노석으로 하기보나, 녹음을 지거보거니 주변을 정리하는 일부터 시작합니다. 폴리 실에는 모래, 지푸라기, 돌, 밀가루, 소금 등 다양한 소품이 많기 때문에 정리와 청소를 자주 해야 합니다. 하지만 이런 수련 과정을 통해 소품의 특징을 이해하고 실제 제작 과정을 지켜볼 수 있으므로 기회가 된다면 꼭 인턴을 해보는 것이 좋습니다. 녹음이 없는 날이라면 폴리 실에서 평소 만들고 싶던 사운드를 연습할 수 있습니다.

06

연주, 공연으로 할 수 있는 일

20. 라이브 세션

라이브 세션은 콘서트나 방송에서 라이브 연주를 담당하는 사람이다. 라이브이기 때문에 실수 없이 완벽한 연주를 해야 한다. 일반적으로 라이브 세션은 프리랜서로 활동하는데 최근 들어 특정 회사나 가수의 고정 세션으로 참여하는 경우가 늘고 있다.

♪ 나는 라이브 세션에 잘 어울리는 사람일까?

Check Point 연주 실력, 음악적 센스, 앙상블	매우 아니다	아니다	보통 이다	그렇다	매우 그렇다
연주를 잘하며, 앙상블에 대한 이해가 높다.	○	○	○	○	○
연주 디렉팅에 대한 이해가 빠르다.	○	○	○	○	○
공연 기획자가 원하는 바를 잘 파악한다.	○	○	○	○	○
자신의 실력을 효과적으로 어필할 수 있다.	○	○	○	○	○
음악인들과 어울리는 것을 좋아한다.	○	○	○	○	○
낯선 사람과도 연주의 합을 맞출 수 있다.	○	○	○	○	○
스스로 일을 찾아서 하는 편이다.	○	○	○	○	○
다양한 장르의 음악을 좋아한다.	○	○	○	○	○
사람들 앞에 서는 것이 부담스럽지 않다.	○	○	○	○	○

1. 라이브 세션은 어떻게 일을 할까?

　　라이브 세션은 무대에 서기 때문에 단순히 연주를 카피하는 실력만으로 하기 어려운 일이다. 앨범과 똑같은 소리를 내는 것이 목적이라면 MR에 맞춰 공연하면 된다. 라이브 세션은 앨범과는 다르게 생동감 있는 연주로 가수와 관객을 이어주는 역할을 한다.

생동감 있는 연주는 라이브 세션의 몫

　　관객과의 호흡이 중요한 콘서트나 라이브 방송은 라이브 세션이 꼭 필요하다. 라이브 세션은 앨범 수록곡 수준의 완성도를 구현함과 동시에 변주를 통한 생동감 있는 연주로 가수의 공연을 돕는다. 라이브라는 뜻대로 관객에게 살아있는 음악을 전달하는 것이다. 이것이 라이브 연주에서만 느낄 수 있는 매력이다.

　　하지만 아무리 전문적인 연주자이고 많은 연습은 했더라도 무대에서는 늘 변수가 생기는 법이다. 실수를 하지 않기 위해 긴장을 늦추지 말아야 하고, 자신의 연주뿐만 아니라 다른 악기와의 하모니도 고려해야 한다. 또한 공연 중 발생할 수 있는 다양한 상황에 대처하는 순발력도 필요하다. 예상치 못한 일이 벌어질 때, 연주 테크닉으로 자연스럽게 위기를 넘어가는 능력이 있어야 한다.

무대 뒤에서 빛을 내는 당신, 세션 연주자

　　세션 연주자를 직업으로 선택한 순간, 자신의 개성을 살릴 수 있는 인디밴드나 버스커와는 다른 방식의 음악인으로 살아가는 것을 결정했다고 볼 수 있다. 세션은 주로 '내 음악'이 아니라 '다른 사람의 음악'을 돕는 활동을 한다. 또한 수시로 여러 사람과 다양한 장르의 합주를 맞춰야 하는 일이다.

사실 세션 연주자는 최선을 다해 멋진 연주를 하지만 자신이 드러나서는 안 되는 숙명을 지니고 있다. 무대 뒤쪽에서 자신을 헌신해야 하는 일에 갈등을 느끼기 시작하면 세션 연주자로 활동하기가 어렵다. 자신의 연주를 뽐내는 것이 아니라 무대와 공연 전체를 생각하면서 구성원 모두가 같은 마음으로 음악을 만드는 것에 중심을 두어야 한다.

2. 라이브 세션, 이렇게 준비하자.

관련 학과 진학

혼자만의 연습으로도 실력 있는 연주자가 될 수 있다. 하지만 실용음악대학에 진학한다면 세션 연주자가 되기에 유리한 이력을 갖출 수 있다. 현직에서 활동하는 세션 연주자가 수업을 진행하는 경우가 많고, 학교 안팎으로 공연에 참여할 기회가 있기 때문에 관련 학과에 진학한다면 현장 진출을 조금 더 빠르게 할 수 있다.

포트폴리오를 준비하는 사람에게 기회가 온다

가수라면 본인의 앨범 녹음과 공연을 완성도 있게 만들기 원한다. 때문에 자신의 음악을 연주할 세션을 매우 신중하게 결정한다. 흔히들 말하는 A급 연주자를 찾는 것이다. 연주자의 실력은 그 사람의 이력이나 포트폴리오를 보고 판단한다. 한국음악실연자협회에 회원으로 가입하고 연주 이력을 등록하면 경력 관리에 도움이 된다. 다양한 이력이 있으면 좋겠지만 그렇지 않다면 평소 작업을 꾸준히 기록하자. 준비된 포트폴리오가 있어야 기회가 올 수 있고 상대방의 의사 결정도 빠르게 이루어진다. SNS에 자신의 연주 영상을 정기적으로 업데이트하는 것도 포트폴리오 제작에 좋은 방법이다.

취향과 다른 장르도 연습하자

많은 실용음악과 졸업생이 재즈나 펑크 같은 음악은 잘 소화하지만 아쉽게도 동요, 트로트, 댄스 등의 장르에는 미흡한 경우가 있다. 하지만 현장에서는 동요나 댄스, 트로트 같은 장르도 연주할 일이 꽤 많다.

라이브 세션이 목표라면 선호하는 장르가 아닌 곡이더라도 연습을 꾸준히 하자. 비인기 장르를 포함한 음악을 골고루 연주할 수 있다면 생각보다 프로 합류의 기회가 빠르게 찾아올 수 있다.

라이브 세션! 이것이 궁금해요?!

Q1. 라이브 세션의 대략적인 연주비는 어느 정도인가요?

연주자의 실력과 공연의 규모에 따라 천차만별입니다. 대형 가수의 단독 콘서트의 경우, 연주자 한 명당 1회 공연에 보통 백만 원이 넘는 세션비가 책정됩니다. 인지도가 약한 가수나 작은 공연이라면 그보다 적은 연주비를 받는 편입니다.

Q2. 라이브 세션의 장단점을 알려주세요.

다른 분야 연주자보다 수입이 좋은 편입니다. 똑같은 시간을 연주해도 더 많은 세션비를 받습니다. 또한 여러 작곡가, 연주자, 보컬 등과 폭넓은 음악적 교류를 할 수 있는 기회가 많습니다. 경험이 쌓일수록 고스란히 경력이 되기 때문에 커리어 관리에 유리한 직업입니다.

하지만 무대에서 자신이 드러나는 비중이 적습니다. 나의 음악이 아닌 다른 사람의 음악을 연주하다 보니 자신의 색깔을 드러낼 기회가 적고 취향과 다른 장르의 음악을 연주하는 일에 스트레스를 받을 수 있습니다. 무대 실수도 안 되기 때문에 늘 긴장해야 하는 것도 라이브 세션의 어려움입니다.

Q3. 마음이 맞는 친구들과 함께 세션 팀으로 일하고 싶습니다. 팀으로 일하려면 어떻게 시작하는 것이 좋을까요?

팀으로 활동하고 싶다면, 먼저 SNS나 유튜브 채널을 만들어 지속적으로 연주 영상을 올리기 바랍니다. 물론 탄탄한 합주 실력이 전제되어야 합니다. 음악 커뮤니티에 올라오는 작은 행사나 축제부터 시작하면서 경력을 만들어 가세요. 무대를 찾아서 연주하고 이력을 쌓아야 합니다.

1. 연주자가 된 계기가 무엇인가요?

비교적 일찍 기타를 배웠지만, 처음부터 기타리스트가 꿈은 아니었습니다. 하지만 기타를 계속 치면서, 고등학교 3학년 때 음악을 해야겠다고 결심했습니다. 다른 일보다 기타 연주에 재능이 있었고 주변 사람들도 제 기타 실력을 인정해 주었기 때문입니다. 무엇보다도 기타 연주가 재밌었습니다. 잘하고 즐겁게 할 수 있다면 직업 연주자로 승부를 걸어볼 만하다고 생각했습니다.

2. 프로 연주자가 되려고 했을 때 주변 사람들의 반대는 없었나요?

반대가 많았습니다. 왜냐하면 연주자란 직업이 그 당시 어른들의 머릿속에 명확하게 그려지지 않았기 때문입니다. 특히 가족들이 걱정을 많이 했습니다. 기타 치는 게 저의 일이라고 하면, 주변 사람 중에서는 학원에서 기타를 배우는 것처럼 생각하거나 취미 생활 정도로 여기는 분들도 있었습니다. 가족들은 저를 걱정하는 마음에 "기타 연주자로 생활이 되겠

냐?"라는 말씀을 하셨지만, 그럴 때마다 오히려 다른 분들이 저의 꿈을 지지해 주었습니다.

3. 그렇다면 어떻게 설득하셨나요?

어떤 방법을 가지고 설득한 것은 아니고, 시간이 지나면서 가족들이 인정해 줬다고 생각합니다. 어찌 되었든 제 인생은 제가 책임지는 것이고, 잘 되든 안 되든 스스로 감당하며 살겠다고 가족들에게 말했습니다. 꿈을 포기하지 않고 계속 진지하게 노력하는 제 모습을 보고 가족들도 인정해 주지 않았나 생각해 봅니다.

4. 직업 연주자는 구체적으로 어떻게 수입을 올릴 수 있나요?

크게 세 가지가 있습니다. 가장 이상적이라고 생각하는 첫 번째는, 자신이 만든 음악을 대중이 소비해 주는 것입니다. 하지만 우리나라는 대중의 음악적 스펙트럼이 넓지 않은 편이기에, 음악을 연주해 돈을 벌며 사는 사람은 많지 않습니다. 두 번째는 세션 활동을 하는 것입니다. 저 같

은 사람을 '세션맨'이라고 하는데, 가수들의 앨범이나 콘서트에서 백그라운드 밴드로 연주를 하고 돈을 법니다. 세 번째는 레슨, 즉 악기를 가르치는 일을 하면서 경제 활동을 합니다. 물론 비중은 다르겠지만, 이 세 가지를 두루 하는 경우가 많습니다.

5. 슬럼프가 왔을 때 극복하는 방법이 있으신가요?

보통 연주자의 슬럼프는 자신의 실력보다 듣는 귀의 수준이 높아져 원하는 수준의 연주를 할 수 없을 때 옵니다. 많은 경우 슬럼프를 극복하기 위해 영화를 본다거나 여행을 가기도 하는데 개인적으로는 이런 방법보다 자신이 생각한 고급 연주를 목표로 계속 연습하고 새로운 스킬을 습득하는 것 외에 슬럼프를 극복하는 방법은 없다고 생각합니다. 연주자가 슬럼프를 피하기 시작하면 도태되기 쉽습니다. 계속 연습하고 노력하며 극복해야 합니다. 몇 번 극복하다 보면 아무렇지 않게 될 겁니다.

6. 좋은 연주자가 되기 위해 꼭 필요한 것은 무엇일까요?

먼저 좋은 연주자가 무엇인지 명확히 해야 합니다. 유명세나 돈을 잘 버는 사람을 좋은 연주자로 생각할 수 있지만, 제가 생각하는 좋은 연주자는 자신의 이야기를 음악으로 잘 표현하는 사람입니다.

좋은 연주자는 스케일이나 코드 진행 하나를 연습하더라도 목적을 분명히 합니다. 아무 생각 없이 연습하는 것이 아니라 연주의 느낌을 기억하면서 '이런 건 언제, 어떻게 써야겠다'라고 의식하는 것이 좋습니다. 또, 여러 사람이 간과하는 부분인데 연주자도 노래를 많이 해야 합니다. 입으로 흥얼거리는 라인들이 실제 연주에서 나오기 때문입니다.

7. 연주자란 직업의 매력은 무엇인가요?

연주자는 비교적 시간적 여유가 있습니다. 바쁠 때라도 개인의 의지에 따라 일정을 비울 수 있기 때문에 삶의 여유가 있는 편입니다. 또한 예술적인 일을 하는 것이 큰 매력입니다. 일반 직장과 비교하면 반복적인 업무나 상사의 눈치가 적고, 자신이 하고 싶은 음악을 할 수 있습니다. 연주자로 잘 풀리면 경제적인 수입뿐만 아니라 사람들에게 아티스트로 존경받는 것도 이 일의 매력이라고 생각합니다.

8. 연주자로 활동하면서 가장 힘든 점은 무엇인가요?

일정 수준의 플레이어가 되기까지 경제적인 부족함을 견디는 일이 힘들 수 있습니다. 20~30대는 돈이 적어도 어느 정도 버티며 살 수 있지만, 가정이 생기고 책임질 일이 많아지면 일정한 수입이 꼭 필요합니다. 연주자는 수입이 일정하지 않은 경우가 많아서 이 부분이 힘들다고 할 수 있습니다.

9. 마지막으로 연주자를 꿈꾸는 학생들에게 조언 부탁드립니다.

가끔 연주를 경쟁으로 생각하는 학생들이 있습니다. 이것은 바람직한 태도가 아닙니다. 다른 사람의 연주를 비교 대상으로 생각하지 않기를 바랍니다. 특히 함께 음악 하는 동기들을 경쟁자라기보다 도움을 주고받는 동료로 보았으면 좋겠습니다. '내가 저 사람보다 잘해야지' 하면서 등수를 매기기보다 '저런 연주도 있구나, 나도 한번 해봐야겠다'라는 태도로 접근하길 바랍니다.

저는 기타를 전공하지도 실용음악과를 졸업하지도 않았습니다. 하지만 길게 보고 주변 사람의 좋은 점은 배우고 때론 다른 사람에게 영향을 주면서, 지금은 인정받는 연주자로 살고 있습니다. 경쟁심보다 넓은 마음으로 동료 의식을 갖고 준비하기 바랍니다.

임선호 기타리스트

Jtbc 팬텀싱어 하우스밴드
Mnet 더 마스터 하우스밴드
마커스워십 음악 프로듀서

21. 레코딩 세션

레코딩 세션은 가요 외에도 다양한 분야를 연주하기 때문에 작업에 대한 이해가 빨라야 한다. 수준급 연주 실력은 기본이다. 충분한 연습 시간 없이 하루 이틀 만에 녹음하는 일도 많아서 늘 준비된 자세가 필요하다. 앞에서 소개한 라이브 세션과 직업적으로 명확하게 구분하지 않고 교차로 일을 하는 경우가 많다.

♬ 나는 레코딩 세션에 잘 어울리는 사람일까?

Check Point 섬세함, 레코딩, 악기 실력	매우 아니다	아니다	보통 이다	그렇다	매우 그렇다
악기 소리에 예민하고 섬세하게 연주하는 편이다.	○	○	○	○	○
다양한 장르의 음악을 즐겨 듣는다.	○	○	○	○	○
자신의 연주 영상을 올리는 것을 좋아한다.	○	○	○	○	○
유행하는 음악에 민감하다.	○	○	○	○	○
미디를 다룰 줄 알며, 홈레코딩을 해본 적이 있다.	○	○	○	○	○
두 가지 이상의 악기를 다룰 줄 안다.	○	○	○	○	○
실내에서 일하는 것을 좋아한다.	○	○	○	○	○
정기적으로 악기 연주를 연습한다.	○	○	○	○	○
쉽게 주눅이 들거나 의기소침하지 않는다.	○	○	○	○	○

※ 본 설문은 관련 종사자들의 의견으로 작성된 참고용 자료입니다.
해당 직업에 대한 절대적 기준이 아니며, 다른 의견도 있음을 알려드립니다.

매우 그렇다(5점) / 그렇다(4점) / 보통이다(3점) / 아니다(2점) / 매우 아니다(1점)

40~45점 당신을 위한 직업이군요.
30~39점 해당 분야에 재능이 있습니다.
20~29점 해당 직업에 대한 진지한 고민이 필요합니다.
20점이하 다른 분야를 먼저 살펴보세요.

1. 레코딩 세션은 어떻게 일을 할까?

레코딩 세션은 녹음실에서 연주를 진행한다. 라이브 무대에서는 모든 밴드 악기가 합주를 하지만, 레코딩의 경우 악기별 녹음을 따로 진행하므로 앙상블에 관한 감각이 좋아야 실력 있는 세션으로 인정받을 수 있다.

편곡가의 의견을 존중하라

레코딩 세션은 편곡가의 디렉팅에 맞춰 연주를 한다. 편곡가에게 곡의 분위기와 콘셉트를 듣고 연주를 구상한다. 보통 편곡가는 후반 작업을 고려하여 몇 가지 스타일을 세션에게 요구하는데, 이때 편곡가의 요청 사항을 충분히 반영하여 연주해야 한다.

레코딩 연주는 합주가 아니라 악기별로 진행한다.

가끔 초보 세션의 경우 편곡가가 자신보다 연주 실력이 좋지 못하다는 이유로 디렉팅에 맞춰 연주하지 않는 경우가 있는데, 이런 태도는 레코딩 세션의 역할을 오해한 것이라고 할 수 있다. 오히려 실력이 좋은 레코딩 세션일수록 편곡가의 요구 사항을 정확하게 반영하고, 연주자의 입장에서 아쉬운 점이 있다면 먼저 편곡가에게 양해를 구한 뒤 본인이 생각하는 스타일로 연주를 한다. 레코딩 세션은 자신이 만족하는 멋진 연주보다 편곡가가 구상하는 연주를 만들어주는 역할을 해야 한다.

다른 악기를 배려하라

앨범 반주 녹음은 악기가 같이 합주하지 않고 악기별로 따로 녹음을 진행한다. 녹음 순서는 편곡가에 따라 차이가 있지만 보통 가이드를 해주는 드럼부터 시작해서 베이스, 건반, 기타 순으로 이어진다. 따라서 레코딩 세션은 앙상블에 대한 감각이 뛰어나야 하고 이전에 녹음된 악기뿐만 아니라 아직 녹음하지 않은 악기도 고려하며 연주를 해야 한다. 가령 뒤쪽 파트에 브라스 녹음이 준비되어 있는데, 솔로 부분을 자신의 연주로 다 채워버린다든가, 다른 악기와 겹치는 음역대로 연주하면 좋은 결과를 기대할 수 없다. 레코딩 세션은 연주 욕심을 부리지 않고 다른 악기를 배려하는 자세가 필요하다.

가요가 아닌 다양한 분야도 준비하자

라이브 세션이 주로 가요를 연주한다면 레코딩 세션은 영화 음악, 게임 음악, 광고 음악 같은 녹음도 자주 한다. 이런 분야의 녹음은 더 정교한 연주를 요구하기 때문에 먼저 음악의 사용 목적을 이해해야 한다. 결과물에서 음악이 어떻게 쓰이는지 알아야 목적에 맞춰 연주를 할 수 있다.

2. 레코딩 세션, 어떻게 준비해야 할까?

요구에 맞춰 연주할 수 있는 능력을 키워라

세션 연주자는 다른 사람의 음악을 연주하는 것이 주된 일이기 때문에 연주 실력뿐만 아니라 클라이언트의 요구에 대응하는 순발력이 있어야 한다. 이를 위해 기본적인 음악 이론과 현장 용어를 알아야 하고 초견에도 능숙해야 한다.

미디를 가까이하라

미디 작업은 주로 작곡가가 한다고 생각하지만 레코딩 세션도 미디 프로그램을 친숙하게 다뤄야 한다. 녹음 스튜디오 환경과 믹싱에 사용하는 악기를 이해하는 가장 간단한 방법이 미디 작업이기 때문이다.

요즘은 미디 프로그램으로 자신의 작업실에서 레코딩을 한 후 이메일로 최종본을 보내는 작업 방식도 늘어나고 있다. 다양한 경력을 위해서라도 미디 프로그램에 능숙해지도록 하자.

녹음실도 홍보 대상이다

프로듀서나 편곡가가 직접 레코딩 세션을 섭외하기도 하지만 녹음실의 추천으로 일을 하는 경우도 자주 있다. 따라서 스튜디오를 대상으로 자신의 포트폴리오를 홍보하는 것도 레코딩 세션으로 일할 준비를 하는 효과적인 방법이다.

레코딩 세션! 이것이 궁금해요?!

Q1. 레코딩 세션을 자주 하면 자신만의 연주 실력과 스타일이 떨어지게 될까요?

그렇지 않습니다. 연주자의 스타일과 실력은 전적으로 개인에게 달린 문제입니다. 유명한 세션들도 본인의 음악 활동과 함께 레코딩 일을 하는 분이 많습니다. 오히려 다양한 작품에 참여한 경험이 개성 있는 작품을 만드는데 좋은 영향을 주기도 합니다.

Q2. 레코딩 세션의 연주비는 어느 정도인가요?

연주자의 실력에 따라 차이가 있습니다. 1 Pro(보통 3시간 30분) 단위로 정산하는 경우도 있고, 앨범 단위로 계약을 맺어 연주비를 받는 경우도 있습니다. 인기 있는 세션 맨의 경우 1 Pro 당 백만 원이 넘는 금액을 받기도 합니다.

Q3. 평범한 실용음악대학을 졸업했습니다. 세션 활동을 위해 대학원 진학을 하는 게 좋을까요?

연주 실력은 학교의 간판과 비례하지 않습니다. 실제로 활발하게 활동하는 프로 연주자를 보면 비전공자도 많고 경쟁률이 높은 대학 출신이 아닌 경우도 많습니다. 만약 대학원에 진학한다면 학교의 평판이 아닌 자신의 연주 실력을 향상시킬 수 있는 곳을 선택하기 바랍니다.

22. 라운지 세션

결혼식이나 고급 호텔 레스토랑에서 연주하는 사람들을 종종 볼 수 있다. 이런 연주자를 라운지 세션이라고 부른다. 자유롭고 분위기 좋은 장소에서 연주하는 것을 동경한다면 라운지 세션이라는 직업을 고려해도 좋다.

♫ 나는 라운지 세션에 잘 어울리는 사람일까?

Check Point 악보 연주, 준비성, 격식, 클래식	매우 아니다	아니다	보통 이다	그렇다	매우 그렇다
격식 있는 자리를 불편해하지 않는다.	○	○	○	○	○
돌발 상황에 잘 대처하고 순발력이 있다.	○	○	○	○	○
집중력이 좋고 오래 앉아서 연습하는 데 자신이 있다.	○	○	○	○	○
스탠더드 넘버를 원곡대로 연주하길 좋아한다.	○	○	○	○	○
악보를 잘 외우는 편이다.	○	○	○	○	○
클래식 음악에 관심이 높다.	○	○	○	○	○
팀으로 원활하게 일하는 성격이다.	○	○	○	○	○
단정한 옷차림을 선호한다.	○	○	○	○	○
준비성이 좋고, 약속 시간 전에 도착하는 편이다.	○	○	○	○	○

※ 본 설문은 관련 종사자들의 의견으로 작성된 참고용 자료입니다.
해당 직업에 대한 절대적 기준이 아니며, 다른 의견도 있음을 알려드립니다.

매우 그렇다(5점) / 그렇다(4점) / 보통이다(3점) / 아니다(2점) / 매우 아니다(1점)

40~45점 당신을 위한 직업이군요.
30~39점 해당 분야에 재능이 있습니다.
20~29점 해당 직업에 대한 진지한 고민이 필요합니다.
20점이하 다른 분야를 먼저 살펴보세요.

1. 라운지 세션은 어떻게 일을 할까?

행사 연주

라운지 세션은 기업 행사나 제품 발표회, 결혼식 등 광고나 축하를 위한 자리에서 연주하는 사람이다. 단순하게 생각하면 BGM을 틀면 되는 것이 아니냐고 할 수 있지만, 행사 주최사의 품격과 초대받은 손님들의 품위를 고려해 라운지 세션을 부르는 경우가 많다.

특히 기업의 신제품 런칭이나 영화, 드라마의 홍보 행사라면 관련 음악을 라이브로 연주해서 광고 효과를 내기도 한다. 라운지 세션 연주는 보통 행사 시간표에 맞춰 진행하는데 메인 이벤트 이외의 비어있는 시간이나 순서가 넘어가는 순간을 음악으로 채운다. 프로그램 시작 전 게스트가 로비에서 인사하고 대화하는 시간, 프로그램 사이 준비 시간, 행사 하이라이트 직전, 모든 순서가 끝나고 퇴장하는 시간 등에 라운지 세션 연주가 필요하다.

다양한 레퍼토리 준비는 필수

라운지 세션의 필수 덕목은 행사 스타일과 분위기를 파악하여 최적의 음악을 선곡하는 것이다. 또한 상황에 따라 연주 음악을 자연스럽게 바꾸는 유연함도 필요하다. 특별히 행사 콘셉트에 맞춰 다양한 연주곡을 준비해야 한다. 행사 관계자가 지정곡을 요구하지 않는 한 레퍼토리가 있어야 하는데, 곡이 몇 개 없으면 참가자들이 지루함을 느낄 수 있으므로 팀원 모두가 리얼북의 스탠더드 넘버 및 다양한 연주 레퍼토리를 숙지해야 한다.

한편, 라운지 세션의 모든 무대가 연주에 수월한 환경이라고 기대해서는 안 된다. 공연 장소에 막상 도착해 보면 좁은 무대나 열악한 장비 상황을 마주하는 경우가 많다. 심하면 행사 관계자가 아예 음악 엔지니어링에 무지한 사람이라서 연주 도중 발생하는 모든 돌발 상황에 스스로 대처해야 하는 일도 있다. 위기 상황을 예상하고 어디서나 융통성 있게 대응하는 센스가 필요하다.

2. 라운지 세션으로 일을 시작하려면?

팀을 만들어라

라운지 세션은 개인보다 팀 단위로 활동한다. 세션을 부르는 입장에서도 팀을 섭외하는 것이 편한 방법이다. 따라서 마음이 맞는 연주자들이 모여 팀을 꾸리는 것이 좋다. 일단 멤버가 꾸려지면 팀의 색깔을 만드는 것이 중요하다. 구성원의 실력과 팀의 성격에 따라 클래식, 재즈, 전자 현악기 등 가장 자신 있는 분야를 정하고 차별성을 부각해야 한다.

가끔 '우리는 다양한 음악을 모두 할 수 있다'라고 홍보하는 팀이 있는데 이런 경우 오히려 아무것도 잘하는 게 없다는 인상을 줄 수 있음에 유의하자.

연주 영상을 활용하라

라운지 세션 모집 정보는 '뮬', 'Buv Ground' 같은 사이트를 통해 찾아볼 수 있다. 하지만 공고 없이 지인의 소개를 받거나 기업이 직접 세션 팀에 연락하는 경우도 많다. 따라서 팀의 연주 이력과 영상을 준비하고 SNS, 유튜브, 블로그를 통해 꾸준히 홍보하는 노력이 필요하다.

행사 연주를 한다면 영상을 꼭 촬영하자. 모임에 방해가 되지 않도록 미리 장비를 세팅하고 사전에 담당자에게 양해를 구하는 것이 좋다. 동영상 홍보는 처음부터 바로 효과가 나타나지 않지만, 콘텐츠를 꾸준히 쌓다 보면 어떤 방법보다 좋은 결과를 기대할 수 있다.

스탠더드 재즈를 준비하자

실용음악 중심의 세션팀은 스탠더드 재즈를 꼭 익혀야 한다. 재즈라도 즉흥적으로 연주하는 것보다 원곡의 느낌을 살려 악보대로 연주하는 것이 좋다. 팀원의 복장도 스탠더드 재즈에 어울리게 입는다면 행사 관계자의 좋은 평가를 받을 수 있다.

라운지 세션! 이것이 궁금해요?!

Q1. 라운지 세션은 행사의 처음부터 끝까지 자리를 지켜야 하나요?

보통은 연주자가 맡은 일이 끝났더라도 다음 일정이 없다면 행사 마지막까지 참여하는 것이 좋습니다. 다만 행사 시간이 지나치게 길 경우, 계약 단계에서 연주 시간을 정하기도 합니다. 라운지 세션은 주로 주말에 활동하는데 이때 행사 시간과 이동 거리를 고려하여 업무를 조율합니다.

Q2. 라운지 세션의 장단점을 말해주세요.

장점은 격식 있는 자리에 참석해서 연주 경험을 쌓을 수 있고, 활용도가 높은 레퍼토리를 반복하므로 숙달하는 수준의 연주를 할 수 있게 됩니다. 라운지 세션은 행사 배경 음악을 연주하기 때문에 즉흥 연주나 고급 테크닉에 대한 부담 없이 일을 시작할 수 있습니다.

단점은 연주 시간이 긴 것을 감수해야 합니다. 한번 앉아서 연주를 시작하면 모든 순서를 마칠 때까지 자리 이동이 힘든 편입니다. 또한 일이 고정적이지 않아서 다른 일을 병행하는 경우가 많습니다. 주말에 일이 몰려 있는 것도 단점입니다.

23. 디스크 자키(DJ)

과거 DJ는 음악을 선곡하는 일을 주로 하였다. 하지만 이제는 믹싱, 작곡, 프로듀싱까지 DJ 들이 직접 관여하고 있다. DJ는 현장에 알맞은 음악 콘셉트를 도출해야 하기 때문에 다양한 장르에 대한 깊은 지식이 있어야 한다. 음향과 믹싱 장비에 대한 이해가 필수적이다.

♫ 나는 DJ에 잘 어울리는 사람일까?

Check Point 비트 매칭, 선곡 능력, 순발력	매우 아니다	아니다	보통 이다	그렇다	매우 그렇다
다양한 장르의 음악을 즐겨 듣는다.	○	○	○	○	○
리듬감이 좋고, 비트 메이킹을 할 수 있다.	○	○	○	○	○
각종 디제잉 장비를 잘 알고 있다.	○	○	○	○	○
앞에 나서는 일에 부담이 없다.	○	○	○	○	○
트렌드와 유행에 민감하다.	○	○	○	○	○
학습하는 것을 좋아한다.	○	○	○	○	○
밤에 일하는 것에 익숙한 편이다.	○	○	○	○	○
갑작스러운 문제에 순발력 있게 대처할 수 있다.	○	○	○	○	○
미리 준비하는 편이며, 시간 약속에 철저하다.	○	○	○	○	○

※ 본 설문은 관련 종사자들의 의견으로 작성된 참고용 자료입니다.
해당 직업에 대한 절대적 기준이 아니며, 다른 의견도 있음을 알려드립니다.
매우 그렇다(5점) / 그렇다(4점) / 보통이다(3점) / 아니다(2점) / 매우 아니다(1점)

40~45점 당신을 위한 직업이군요.
30~39점 해당 분야에 재능이 있습니다.
20~29점 해당 직업에 대한 진지한 고민이 필요합니다.
20점 이하 다른 분야를 먼저 살펴보세요.

1. DJ는 이런 일을 한다.

DJ는 Disc Jockey의 약자이다. 단어를 살펴보면 Disc는 음반을 뜻한다. 즉, 음악을 말하는 것이다. 그럼 Jockey는? Jockey는 말을 조정하는 기수란 단어이다. 다시 말해 Disc Jockey는 음악을 자신의 스타일로 조정하면서 대중을 즐겁게 해주는 직업이다.

신나게 파티를 이끄는 라이브 디제잉

우리가 잘 알고 있는 DJ가 하는 일은 클럽이나 파티에서 라이브로 비트 매칭을 하며 분위기를 이끌어 가는 것이다. 라이브로 이뤄지는 디제잉은 단순히 음악을 섞는 것이 아니다. 장소와 분위기를 고려하여 장

르를 결정하고 곡을 배치하며 믹서와 이펙터를 조작해서 사운드를 만들어야 한다. 이를 위해서 DJ는 EDM, 트랩, 하우스, 디스코, 빅 룸, 트랜스 등 수많은 음악의 특징을 이해하고 타고난 리듬 감각이 있어야 한다.

DJ는 콘셉트에 맞는 분위기와 BPM(Beats Per Minute, 분당 비트 수)에 유의하여 곡을 고른다. 디제잉 시간이 짧게는 20분, 길게는 한 시간이 넘기도 하므로 사전 선곡에 노력을 기울인다. DJ는 헤드폰을 사용하는데 이것은 다음 곡을 미리 듣기 위해서이다. 지금 플레이하는 곡과 다음 곡을 정확히 비트 매칭해야 자연스럽게 연결할 수 있다.

턴테이블리즘

턴테이블리즘은 저글링(턴테이블의 두 판을 모두 잡고 번갈아 가면서 소리를 섞는 것)이나 스크래치 같은 기교로 턴테이블을 악기처럼 연주하는 것이다. 클럽 디제잉은 기존 곡들을 조합하는 성격이 강하지만, 턴테이블리즘은 디제잉을 통한 즉흥 연주라고 볼 수

턴테이블을 악기처럼 연주하는 턴테이블리즘

있다. 가끔 TV에서 DJ들이 대결하는 모습이 나오는데 이런 경연이 턴테이블리즘으로 이뤄지는 것이다. 턴테이블리즘은 이제 하나의 음악 장르와 공연으로 인정받고 있다.

프로듀싱

음악적 재능이 탄탄한 사람의 진출이 늘어나면서 자신의 음악을 직접 프로듀싱하는 DJ가 많아지고 있다. 나만의 스타일을 한껏 살린 음악을 만들거나 다양한 리믹스 앨범을 제작하기도 한다. 유명 DJ의 경우 자신의 앨범을 프로듀싱하는 것뿐만 아니라 다른 가수의 앨범 제작에 참여하거나 콜라보를 진행하는 일도 늘어나고 있다.

2. DJ, 이렇게 준비하자.

일단 시작하자

최근 들어 디제잉을 교육하는 학원이 생겨나고 있지만, 국내에 DJ를 전문적으로 양성하는 학교는 아직 없는 실정이다. 그래서 DJ를 하기 위해 클럽 견습생이 되거나 개인 레슨을 통해 하나하나 배우는 경우가 보편적이다.

당장 DJ 기술을 배우지 못하더라도 일반 실용음악대학에서 작곡이나 미디 공부를 열심히 해두는 것도 좋다. 자신의 음악을 직접 만드는 DJ가 늘어나면서 곡을 쓰는 것과 시퀀싱 프로그램을 잘 다루는 능력이 필요해졌기 때문이다.

포트폴리오 만들기

DJ로 활동하기 위해서는 포트폴리오가 꼭 있어야 한다. 평소 믹싱 결과물과 자작곡을 많이 만들도록 하자. 각종 콘테스트에 출품 준비를 하면서 포트폴리오를 채워나가는 것도 좋다.

디스크 자키! 이것이 궁금해요?!

Q1. 유명한 DJ는 앨범도 있더라고요. 이제 DJ는 작곡도 할 줄 알아야 하나요?

작곡을 직접 하지 않는 DJ도 있습니다. 하지만 최근 활발한 활동을 하는 DJ는 음악적 재능이 좋아서 직접 작곡과 프로듀싱을 하기도 합니다. 이제 장비를 잘 다루는 것뿐만 아니라 음악 제작 능력도 DJ의 중요한 소양이 되고 있습니다.

Q2. DJ들도 MP3 음원으로 작업을 하나요?

MP3뿐만 아니라 WAV나 무손실 음원을 사용합니다. MP3라도 320kbps 이하는 잘 사용하지 않습니다. 음질이 좋지 않아 큰 무대에서 쓸 수 없기 때문입니다. 보통 320kbps MP3 음원은 연습용으로 사용합니다.

Q3. DJ를 꿈꾸는 학생입니다. CDJ는 어느 정도 익숙해졌는데 믹서는 아직도 힘듭니다. 믹서를 꼭 능숙하게 다뤄야 하나요?

DJ는 음악의 표현력을 높이기 위해서 믹서를 사용합니다. 믹서는 외관이 복잡해 보이지만 구조만 잘 파악하면 금방 익숙해질 수 있는 장비입니다. 간단히 설명드리면 채널마다 로우, 미드, 하이에 해당하는 이큐와 소리를 증폭시켜 주는 TRIM과 볼륨 페이더가 있습니다. 볼륨 페이더는 주로 믹싱을 할 때 사용하고 이큐는 +쪽으로 돌리면 증폭이 되고, -쪽으로 돌리면 깎입니다. 기본적으로 CDJ는 두 대를 세팅하기 때문에 먼저 두 개의 채널 사용에 익숙해지면 됩니다.

1. 어떻게 DJ로 활동하게 되셨나요?

고등학교 시절 힙합에 큰 관심을 갖게 되면서 Scratching을 시작했습니다. 그후 유명 뮤지션들의 작업에 녹음 및 라이브 연주자로 참여한 것이 계기가 되어 자연스럽게 DJ로 활동하게 되었습니다.

2. DJ라는 직업의 매력을 말씀해 주세요.

여러 가지가 있겠지만, 개인적으로는 프로듀싱과 연주, 두 가지를 다 경험할 수 있다는 점이 큰 매력이라고 생각합니다. DJ는 연주자이면서 동시에 프로듀서입니다. 음악을 연주하는 것뿐만 아니라 기획하고 만들어내는 전 과정에 DJ가 직접 관여합니다.

3. DJ는 어떻게 수입을 올리나요?

DJ의 가장 큰 수입은 공연입니다. 그리고 녹음 세션으로도 많이 참여하기 때문에 이 부분도 중요한 수입원이 됩니다. 자주 있는 경우는 아니지만 다른 음악 분야처럼 학원이나 개인 레슨을 하기도 합니다.

4. DJ가 되기 위해서 음악적으로 무슨 준비를 하는 것이 좋을까요?

무엇보다 다양한 음악을 많이 듣는 습관이 중요합니다. 개인 취향에 따라 특정 장르의 음악만 가까이하는 것은 바람직하지 않습니다. 음악적 다양성을 바탕으로 아이디어를 생각하고 결과를 만들어 낼 때 사람들의 좋은 호응을 얻는 경우가 많습니다. 또한 이론이나 음향에 대한 전반적인 지식도 꾸준히 공부하는 것이 좋습니다.

5. 프로 DJ로 활동하기 위한 아카데미가 있나요? 아니라면 일반적으로 어떤 과정으로 데뷔하나요?

제가 준비할 때와는 다르게 최근에는 체계적이고 훌륭한 커리큘럼을 가진 아카데미가 많이 생겼습니다. 이런 곳에서 DJ에 관한 전반적인 교육을 받을 수 있습니다.

하지만 이런 과정을 수료했다고 모두 프로 DJ로 데뷔할 수 있는 것은 아닙니다. 오히려 DJ는 다양한 루트를 통해 활동을 시작하는 경우가 많습니다. 아카데미의 인맥을 통해 일하기도 하고, 본인이 직접 프로듀싱한 앨범을 발표하면서 일을 시작하기도 합니다.

클럽에서 처음부터 차근차근 실무를 배우는 경우도 있습니다. DJ 활동을 위한 일반적인 과정이 딱히 없다는 것이 정확한 표현입니다. 오히려 다양한 루트로 데뷔하는 것이 일반적입니다.

6. 언제 보람을 느끼고 언제 힘이 드시나요?

제가 틀어주는 음악에 수많은 사람이 춤을 추고 공감해 줄 때 가장 기쁩니다. 제가 만족스럽게 연주한 앨범을 듣고 있을 때도 그렇고요. 가끔 체력적으로 고단했던 것을 빼면 그렇게 힘들었던 경우는 없었습니다.

7. DJ를 꿈꾸는 학생들에게 조언 한마디 부탁드립니다.

DJ라고 하면 테크닉을 먼저 생각하는 경우가 많은데, 테크니션보다 뮤지션을 지향하는 DJ가 되기 바랍니다. 그래야 좋은 음악을 오랫동안 만들면서 활동할 수 있습니다. 물론 테크닉에 대한 공부와 노력도 소홀히 하면 안 되겠죠.

우리나라의 디제잉 문화와 시장이 많이 성장하고 있습니다. DJ가 되고 싶은 학생들의 노력에 좋은 결실이 있기를 소망합니다. 응원하겠습니다.

DJ DH-Style

에픽하이, 범키 앨범 작·편곡 참여
리쌍, 도끼 라이브 및 앨범 세션
이화여자대학교 공연예술대학원 음악공학 석사
서울예술대학 실용음악과 학사
동아방송예술대학교 실용음악학부 작곡과 전임 교수

노래하며 할 수 있는 일

24. 대중 가수

　해마다 가수를 꿈꾸는 수만 명의 사람들이 오디션장에 모이고, 국내 가수의 해외 인기가 높아지면서 그 어느 때보다 K-pop에 대한 위상이 커졌다. 하지만 많은 관심을 받는 것은 그만큼 상상을 초월하는 경쟁과 희생이 있다는 것을 의미한다. 수년간 데뷔 준비만 하다 그만두거나, 데뷔 후에도 긴 무명의 시간을 보내는 경우도 많다. 가수를 꿈꾸기 전, 어떤 아티스트가 되기 원하는지 돌아보고 그에 맞춰 준비하는 노력이 필요하다.

♬ 나는 대중 가수에 잘 어울리는 사람일까?

Check Point 가창력, 끼, 자신감, 개성	매우 아니다	아니다	보통 이다	그렇다	매우 그렇다
노래 잘한다는 말을 자주 듣는다.	○	○	○	○	○
사람들 앞에 나서는 것이 떨리지 않는 편이다.	○	○	○	○	○
가수나 연예인, 연예계 소식에 관심이 많다.	○	○	○	○	○
좋아하는 음악과 그 이유를 설명할 수 있다.	○	○	○	○	○
안 되면 될 때까지 하는 노력파이다.	○	○	○	○	○
유행을 빨리 파악하는 편이다.	○	○	○	○	○
춤을 좋아하며, 유행하는 춤을 출 수 있다.	○	○	○	○	○
나만의 개성이 강하다.	○	○	○	○	○
노래하는 일을 천직으로 생각하고 있다.	○	○	○	○	○

　　　※ 본 설문은 관련 종사자들의 의견으로 작성된 참고용 자료입니다.
해당 직업에 대한 절대적 기준이 아니며, 다른 의견도 있음을 알려드립니다.

매우 그렇다(5점) / 그렇다(4점) / 보통이다(3점) / 아니다(2점) / 매우 아니다(1점)

40~45점　당신을 위한 직업이군요.
30~39점　해당 분야에 재능이 있습니다.
20~29점　해당 직업에 대한 진지한 고민이 필요합니다.
20점 이하　다른 분야를 먼저 살펴보세요.

1. 가수도 여러 유형이 있다.

가수는 부르는 장르로 나누기도 하고(발라드 가수, 댄스 가수, 힙합 가수, R&B 가수, 트로트 가수 등), 보컬로만 활동하는지 아니면 직접 작곡, 작사에 참여하는지에 따라(싱어송라이터) 구분하기도 한다. 대중에게 미치는 영향이나 곡작업 능력으로 가수, 뮤지션, 아티스트를 구분해서 부르는 사람도 있다.

기획사 가수 & 인디 가수

많은 가수 지망생이 대형 기획사의 소속 가수가 되길 원한다. 기획사 연습생이 되면 체계적인 트레이닝을 받으며 데뷔할 수 있기 때문이다.(연습생으로 그치는 경우도 많다.) 기획사는 철저한 시장조사와 콘셉트에 따라 앨범을 제작하기 때문에 기획사

가수는 주로 트렌드와 유행에 민감한 노래를 부른다. 여러 분야의 스태프가 제 삭에 참여하므로 노래히는 일에(혹은 노래와 춤에) 더 집중할 수 있다. 이들은 주로 TV나 라디오 출연을 통해 인지도를 쌓고 예능, 드라마 등 다른 분야에 진출하기도 한다.

이와는 다르게 독립된 소자본의 인디 레이블 가수도 있다. 인디 음악이나 인디 가수에서 사용하는 '인디'는 독립이란 단어인 '인디펜던트(Independent)'의 약자로 상업적인 자본과 유통 시스템으로부터 독립된 음악이라는 의미가 있다. 보통 인디 가수는 독립적인 레이블을 통해 다른 사람의 간섭 없이 자신이 창작

한 곡으로 음반을 제작한다. 앨범도 적은 비용으로 만들고 소량만 유통하는 편이다. 이들은 주로 버스킹이나 소규모 공연을 통해 대중을 만나고, 상업성이 강한 음악보다 개성 있고 독창적인 음악을 추구하는 성향이 크다. 최근 SNS로 음악을 소개하는 문화가 발달하고 여러 색깔의 음악을 듣는 청중이 늘어나면서 인디 가수도 음악 시장에서 중요한 포지션을 차지해 가고 있다.

어디에서나 공연은 최선으로

가수의 생명이 음반이라면 생명을 유지하는 원동력은 공연이다. 가수가 무대에 선다는 것은 대중 앞에서 노래를 부르는 것 이상의 의미가 있다. 공연이야말로 가수로서 자신의 정체성을 확인할 수 있는 시간이다. 물론 공연을 통해 노래를 알리고, 인지도를 쌓고, 수익도 올릴 수 있다.

아이돌 가수의 경우 단 몇 초 만에 공연 티켓이 매진되는 것은 당연한 일이 되었고, K-pop이 세계적인 문화가 되면서 여러 나라에서 해외 공연도 활발하게 이뤄지고 있다.

한편 거창한 콘서트가 아니더라도 많은 가수가 소규모 공연을 하고, 때론 길거리에서 버스킹을 하기도 한다. 각자의 자리는 다르지만 노래하는 순간 진실한 목소리를 전달하고 싶은 마음만큼은 모두 같다고 생각한다. 소중하지 않은 무대는 없기 때문이다. 가수 지망생의 버스킹 경험은 평소 연습보다 몇 배의 실력 향상을 만들기도 한다. 가끔 가사를 외우지 못한 채 스마트폰을 보면서 노래하는 분이 있는데 버스킹 또한 하나의 공연이라는 마음가짐으로 가사를 외워 부르기 바란다. 이것이 청중에 대한 최소한의 예의라고 생각한다.

2. 기획사 오디션, 이것만은 명심하자.

기획사 오디션을 보려면 노래와 춤, 외모 관리가 필수이다. 자신이 하고 싶은 음악보다는 기획사에서 원하는 음악에 맞춰 오디션을 준비해야 한다. 오디션 합격에 왕도는 없지만 몇 가지 사항을 기억하면 좋다.

오디션은 한 살이라도 어릴 때 보자

많은 학생이 지금은 실력이 부족하니 나중에 더 잘하게 되면 오디션을 봐야 겠다고 생각하지만, 현실적으로 한 살이라도 어린 나이에 오디션에 지원해야 합격 확률이 높아진다. 특히 아이돌의 경우 보통 10대 후반이나 늦어도 20대 초반에 데뷔하기 때문에, 규모 있는 기획사는 주로 10대 지망생에 주목한다. 소형 기획사도 최대 25세를 지망생 나이의 상한으로 생각하는 편이다.

오디션 전문 학원을 활용하라

기획사 오디션을 어떻게 준비해야 할지 감을 잡기 어렵다면 오디션 준비반이 있는 학원에 등록하는 것도 좋은 방법이다. 이런 학원은 실제 오디션 형식에 맞춰 수업을 진행하고 혼자서는 연습하기 어려운 다양한 오디션 요령을 가르친다. 또한 기획사와 연계된 곳이 많아 기획사가 학원으로 찾아와 오디션을 진행하기도 한다.

최대한 많은 대회에 출전하자

오디션 프로그램은 항상 신인들의 등용문이 되어왔다. 90년대는 '대학가요 제'가, 2000년대 들어서는 '슈퍼스타K', 'K팝스타'가 대표적이다. 지금도 방송 국마다 다양한 형태의 오디션 프로그램을 제작하고 있다. 가수를 꿈꾼다면 이런 오디션 프로그램에 꼭 지원해 보자. 대회에서 우승하지 못했더라도 출전 중 기획사로 스카우트되어 데뷔한 사례도 있다. 작은 대회라도 수상 경력이 있으면 기획사 오디션 서류를 작성할 때 이력이 되므로 다양하게 도전하자.

대중 가수! 이것이 궁금해요?!

Q1. 실용음악과 보컬로 입학하면 가수가 되기 유리한가요?

어떤 유형의 가수를 꿈꾸느냐에 따라 달라질 수 있습니다. 기획사 아이돌의 경우 어린 나이부터 데뷔를 준비하기 때문에 실용음악과 출신이 많지 않습니다. 아이돌 가수가 되고 싶다면 실용음악과 입시 준비보다는 중·고등학생 때 기획사 오디션에 주력해야 합니다. 반면 싱어송라이터를 꿈꾸거나 당장의 데뷔가 목적이 아니라 노래를 배우고 자신이 어떤 성향의 음악을 좋아하는지 알아가고 싶다면 실용음악과 진학을 추천합니다.

Q2. 기획사 오디션 정보는 어디서 볼 수 있나요?

기획사 홈페이지의 오디션(Audition) 게시판에 관련 정보가 있습니다. 보통 영상과 사진, 이력을 제출합니다. 음악 방송국과 연계한 오디션 프로그램도 해마다 있는 편이니 방송국 홈페이지도 자주 들어가 봐야 합니다. 기획사 오디션의 경우 열 번, 스무 번 떨어지는 일은 가수 지망생에게 흔한 일이므로 낙방했더라도 실망하지 말고 경험과 실력을 쌓았다고 생각하기 바랍니다.

Q3. '정산 시스템'이란 말을 들었습니다. 어떤 뜻인가요?

기획사는 내부 정산 시스템을 기준으로 가수에게 수입을 지급합니다. 정산 시스템이란 연습생 시절 숙식, 레슨 등에 투자한 비용과 음반 제작과 데뷔 홍보에 들어간 비용을 기록했다가, 손익분기점이 넘어가면 그때부터 수입을 정산하는 시스템입니다. 아이돌 가수의 경우 데뷔까지 기간이 길고, 투자 비용이 크기 때문에 이러한 정산 시스템을 따릅니다. 간혹 정산 시스템에 대한 의견 차이로 기획사와 소속 가수 사이에 갈등이 발생하기도 합니다.

**"불확실한 미래를 걱정하느라
지금의 현실에 소홀하지 않으면 좋겠습니다."**

가수 인터뷰 | **지선**(러브홀릭)

---

1. 어떻게 가수로 데뷔하게 되셨나요?

공개 오디션을 통해 데뷔했습니다. 그 당시 불렀던 곡이 나탈리 임브룰리아 (Natalie Imbruglia, 호주의 싱어송라이터)의 'Torn'이라는 대중적이지 않은 노래였는데, 쉽지 않은 곡을 여유 있게 부르는 모습을 소속사에서 좋게 봐주셨던 것 같습니다. 오디션 분위기는 좋았지만, 소식이 없어 포기하고 있던 찰나 뒤늦게 연락을 받고 러브홀릭으로 데뷔했습니다. 운이 좋게 데뷔하자마자 노래가 많은 사랑을 받아 지금까지 오게 되었습니다.

2. 가수가 되기 위해 실용음악 전공을 하는 것이 좋을까요?

본인이 희망하는 진로에 따라 달라질 수 있는데, 아이돌을 하고 싶다면 일찍부터 기획사 오디션을 준비하고, 오랫동안 활동하는 가수를 하고 싶다면 실용음악 전공을 추천합니다. 전공을 하면 음악을 진지하게 공부하고 본인에게 맞는 음악을 찾아갈 수 있습니다. 또 교수님, 동기들 같이 함께 음악 하는 좋은 동료를 만날 기

회가 생깁니다.

3. 좋은 가수가 되기 위해 무엇을 준비하면 좋을까요?

본인이 어떤 음악을 좋아하는지 알았으면 좋겠습니다. 노래 실력을 잘 갖추는 것뿐만 아니라 자신이 좋아하는 음악에 대한 이해도가 높아야 이 일을 오랫동안 즐겁게 할 수 있는 힘이 생깁니다. 여러 음악을 가까이하고 공부하는 것을 게을리하지 않기를 바랍니다.

바른 인성도 중요합니다. 가수는 대중에게 많이 노출되기 때문에 나쁜 평판을 듣기 시작하면 정상적인 활동을 할 수 없습니다. 아무리 실력이 좋아도 인성이 나쁘면 결국 자신에게 돌아오는 모습을 자주 봅니다. 요즘은 가수를 배우나 예능인으로 가는 길목으로 생각하는 사람도 많습니다. 그래서 음악이 좋아 가수가 되고 싶은 것인지, 가수로 주목받아 다른 일을 하고 싶은 것인지 구체적으로 고민하면 좋겠습니다.

4. 가수 활동으로 느끼는 가장 큰 매력은 무엇인가요?

가수로 산다는 것은 누구나 한 번쯤 동경할 만한 삶인 것은 분명합니다. 직업 가수의 매력은 여러 가지가 있지만 저는 무대에서 느끼는 힘이 가장 큰 매력이라고 생각합니다.

러브홀릭으로 올랐던 첫 무대의 느낌이 아직도 생생합니다. 그 느낌이 지금까지 저를 이끄는 힘이 되었다고 해도 과언이 아닙니다. 무대에 올라가기 전에는 너무 긴장했지만, 막상 카메라가 돌아가고, 조명이 비춰지고, 노래를 부르면서 흡사 비현실 세계에 온 기분을 느꼈습니다. 이런 감정은 가수가 아니면 경험하기 쉽지 않은 일이라고 생각합니다.

5. 가수로서 힘들 때는 언제인가요?

대중의 비난을 받을 때입니다. 가수를 준비한다면 이 부분에 대해서 마음의 준비가 되었으면 좋겠습니다. 연예계는 특히 외모에 대한 비평이 많습니다. 그래서 모두 상상을 초월하는 다이어트를 합니다. 자신의 외모나 실력을 가볍게, 때로는 놀리는 수준으로 말하는 사람이 있는데 힘들더라도 이런 비난에 유연하게 대처하는 게 좋습니다. 비난을 긍정적인 에너지로 바꾸는 연습이 필요합니다.

또한, 활동하다 보면 생활이 매우 불규칙해집니다. 한창 활동할 때는 하루에 두 시간 자는 것은 당연한 일이 되고 위험하게 운전하며 스케줄을 소화하기도 합니다. 가수는 일반적인 생활을 보장할 수 있는 직업이 아니기 때문에 사랑을 받는 만큼 많은 것을 포기해야 하는 경우가 많습니다.

6. 활동하면서 경제적으로 힘든 적은 없었나요?

데뷔하고 돈을 잘 벌었을 것 같지만, 꼭 그렇지는 않았습니다. 고정적인 수입이 없어 아르바이트를 해야겠다고 생각했던 적도 있었는데, 이미 얼굴이 알려져 평범한 일을 하기는 힘들었습니다.

가수는 활발하게 활동하면 금세 집을 살 정도로 수입이 많지만, 활동이 없으면 말 그대로 수입이 하나도 없을 수 있습니다. 가수를 꿈꾼다면 이런 상황에 대해 미리 마음 준비를 하면 좋겠습니다.

개인적으로는 작곡이나 작사를 하는 가수가 되면 좋겠습니다. 실제로 가수들은 곡 작업 기회가 많은 편입니다. 저도 제가 쓴 노래로 저작권 수입이 있습니다. 가수에게도 지작권이 가장 안정적인 수입원이 될 수 있다고 생각합니다.

7. 만드신 노래 중에 애착 가는 곡이 있나요?

꽃보다 남자 OST인 '어떡하죠'입니다. 큰 기대가 없던 곡이었는데 드라마의 인기가 높아지면서 함께 사랑받은 노래입니다. 드라마가 해외로 수출되면서 자연스럽게 OST를 부른 저도 세계 각국에서 응원 메시지를 받고 있습니다. 이 곡 덕분에 외국 팬이 많이 생겨서 고마움이 큽니다.

8. 가수를 꿈꾸는 학생들에게 한마디 부탁드립니다.

가수를 하면서 사실 제일 힘들었던 부분은 음악이 너무 좋아서 하게 됐는데 음악 때문에 힘들고 음악이 내 인생을 모두 잠식해 버린 것 같은 때였습니다. 사실 행복한 인간과 행복한 뮤지션은 공존하기가 쉽지 않은 것 같습니다. 가수를 꿈꾼다면 이런 밸런스에 대해 좀 더 고민하고 시작하기 바랍니다.

그리고 불확실한 미래를 걱정하느라, 지금의 현실에 소홀하지 않으면 좋겠습니다. 학교에 다녀야 할 때는 학교에 열심히 다니고, 연습을 핑계로 수업에 빠지지 않아야 합니다. 음악을 한다는 이유로 그 나이에 누릴 수 있는 것을 포기하지 말기 바랍니다. 지금의 삶에 성실하다 보면 좋은 기회가 올 수 있습니다.

지선

그룹 '러브홀릭' 멤버
2010년 제16회 대한민국 연예예술상 여자 발라드 가수상
단국대학교 문화예술대학원 대중음악학과
現 용인대학교 실용음악과 전임 교수
꽃보다 남자, 커피 프린스 1호점, 싱글즈, 미녀는 괴로워 등 OST 참여

25. 코러스(Chorus)

가수의 노래에 화음을 넣고 소리를 풍성하게 채워주는 사람을 코러스라고 부른다. 코러스는 팀 단위로 활동하는 경우가 많은 편이며, 주로 방송이나 공연 무대에서 화음을 넣는다. 앨범 녹음에 참여하기도 한다.

♬ 나는 코러스 세션에 잘 어울리는 사람일까?

Check Point 화음, 팀 활동, 시간 개념, 배움	매우 아니다	아니다	보통 이다	그렇다	매우 그렇다
멜로디에 맞춰 화음을 넣을 수 있다.	○	○	○	○	○
목 관리를 잘하는 편이다.	○	○	○	○	○
노래 실력에 자신이 있다.	○	○	○	○	○
약속 시간보다 미리 도착해서 준비하는 편이다.	○	○	○	○	○
오전보다 저녁에 일하는 것을 선호한다.	○	○	○	○	○
단체 활동에 익숙하다.	○	○	○	○	○
순발력이 있는 편이다.	○	○	○	○	○
자신의 일에 항상 자부심을 갖고 일한다.	○	○	○	○	○
조언을 잘 받아들이고 배우는 일이 즐겁다.	○	○	○	○	○

※ 본 설문은 관련 종사자들의 의견으로 작성된 참고용 자료입니다.
해당 직업에 대한 절대적 기준이 아니며, 다른 의견도 있음을 알려드립니다.

매우 그렇다(5점) / 그렇다(4점) / 보통이다(3점) / 아니다(2점) / 매우 아니다(1점)

40~45점 당신을 위한 직업이군요.
30~39점 해당 분야에 재능이 있습니다.
20~29점 해당 직업에 대한 진지한 고민이 필요합니다.
20점 이하 다른 분야를 먼저 살펴보세요.

1. 코러스, 이런 일을 한다.

코러스의 영어식 표현은 Background Vocal 이다. 우리나라는 코러스란 말을 주로 쓰지만 최근에는 Background Vocal이란 표현도 많이 사용한다. 방송 무대나 가요제, 행사 같은 경우는 여러 명의 Background Vocal이 필요하므로 팀 단위의 코러스 세션이 활발하게 활동하고 있다.

방송 및 라이브 공연

성인가요, 콘서트, 각종 행사 등 무대가 있는 음악 방송에는 코러스 세션이 필수적이다. 무대 위의 라이브 음악에 맞춰 코러스를 부른다는 것은 조화로운 소리를 만드는 동시에 눈에 보이는 동작, 표정, 제스처, 안무 등 모든 연출을 함께 완성하는 일이다. 따라서 출연하는 방송의 선곡표를 미리 받아 화음뿐만 아니라 간단한 안무를 맞추는 사전 준비가 필요하다.

방송 코러스는 주로 팀 단위로 활동한다.

방송 무대에 출연하는 코러스 세션은 방송국 전속 합창단일 때도 있지만 독립적으로 활동하는 코러스 팀인 경우가 더 많다. 형태가 어떻든 신입 단원은 선배에게 코러스의 기본기를 배우면서 경력을 쌓는다. 코러스 세션의 경우 팀 단위로 움직이고 팀원 사이에 어느 정도 위계질서가 있으므로 단체 생활에 부담이 없는 사람에게 잘 맞는 직업이다.

레코딩 코러스

앨범 녹음에도 코러스가 많이 참여한다. 방송에 출연하는 코러스는 팀 단위로 노래하기 때문에 일부 단원의 실력이 조금 부족해도 다른 팀원들이 보완해 줄 수 있지만, 레코딩 코러스는 혼자 노래하기 때문에 실력이 검증된 보컬이어야 한다.

레코딩 코러스는 혼자 여러 파트를 녹음하기 때문에 사전에 충분한 개인 연습이 필요하다. 레코딩을 하다 보면 정해진 악보가 아닌 즉흥적인 화음을 만들어 달라는 요청을 받는데, 이때 프로답게 디렉팅에 맞춰 노래를 소화해야 한다. 앨범 녹음에서는 코러스라는 말보다 Background Vocal이라는 표현을 쓴다.

2. 코러스, 이렇게 준비하자.

자신과 어울리는 팀을 찾자

방송 코러스 팀은 수시로 단원을 모집하는 편이다. 이때 팀의 성격을 잘 파악한 후 지원하는 것이 좋다. 어떤 음악 방송을 주로 하고 있는지, 팀의 음악 실력은 어느 정도인지 확인하자. 자신의 음악적 취향은 발라드인데 성인가요 무대나 트로트를 전문적으로 하는 팀에 들어가면 얼마 활동하지 못하고 그만두는 일이 생길 수 있다.

가이드 보컬의 기회를 살려라

보컬로 활동하면 자주 들어오는 아르바이트가 가이드 보컬이다. 가이드 보컬은 실제 가수가 노래를 녹음하기 전 멜로디를 미리 불러보는 일을 하는데, 프로듀서가 가이드 보컬을 섭외하는 경우가 많다. 가이드 보컬을 녹음한 데모곡은 추후 실제 앨범에 수록될 가능성이 높은 곡이기 때문에, 가이드 보컬을 맡았다면 관련 담당자와 좋은 관계를 이어가는 것이 좋다. 가이드 보컬 경험이 인연이되어 실제 가수 녹음에 Background Vocal로 참여할 수도 있다.

코러스 세션! 이것이 궁금해요?!

Q1. 코러스 세션 모집 정보는 어디서 볼 수 있나요?

주로 팀 단위로 활동하다 보니 지인 추천으로 팀원이 되는 경우가 많은 편이지만 '뮬' 같은 사이트에도 코러스 구인 정보가 종종 올라옵니다. 방송국 전속 합창단 모집은 TV 광고를 하기도 합니다. 제 아내의 경우 MBC 합창단 모집 광고를 우연히 보고 지원해서 단원이 되기도 했습니다.

Q2. 코러스 세션의 수입은 어느 정도인가요?

공연 횟수에 따라 수입이 달라지므로 단정적으로 말씀드리기는 어렵습니다. 하지만 다른 분야에 비해 수입이 좋은 편입니다. 행사가 활발한 시즌의 경우 꽤 많은 수입을 올리기도 합니다. 코러스 세션으로 활동하는 분의 이야기를 들어보면 경제적인 부분보다는 행사를 다니면서 겪는 어려움이나 메인 무대에 서지 못하는 아쉬움 때문에 힘들어하는 경우가 많다고 합니다.

Q3. 코러스 세션을 하려면 춤도 잘 춰야 하나요?

코러스 세션이 하는 무대 안무는 간단한 율동 수준입니다. 춤을 잘 추지 못하더라도 몸치만 아니면 활동에 지장이 없습니다. 끼가 있고 무대에서 활동하고 싶다면 코러스 세션은 즐거운 직업이 될 겁니다.

26. 뮤지컬 배우

　뮤지컬 배우는 작품의 대본을 분석하고 춤과 노래를 익힌다. 뮤지컬은 많은 연습량으로 유명한데, 현직 뮤지컬 배우도 무대에서 실수하지 않기 위해 공연 시즌 중에도 엄청난 연습을 한다. 많은 사람들이 함께 만드는 공연이기에 협업 능력이 중요하고, 무대 장악력, 체력 등이 뒷받침되어야 한다.

♬ 나는 뮤지컬 배우에 잘 어울리는 사람일까?

Check Point 춤, 체력, 전달력, 연기	매우 아니다	아니다	보통이다	그렇다	매우 그렇다
노래 부르고 춤추는 것을 좋아한다.	○	○	○	○	○
무대 체질이라는 소리를 자주 듣는 편이다.	○	○	○	○	○
장시간 연습과 힘든 훈련을 묵묵히 해낼 수 있다.	○	○	○	○	○
책을 즐겨보며, 줄거리에 대한 이해도가 높다.	○	○	○	○	○
사람들과 어울리는 것을 좋아하며 협업할 줄 안다.	○	○	○	○	○
작은 일도 대충 하지 않고 신중하게 처리한다.	○	○	○	○	○
연기하는 것을 좋아하고, 재능이 있다고 느낀다.	○	○	○	○	○
지구력과 기초 체력이 좋다.	○	○	○	○	○
사무실이나 실내보다 현장을 좋아한다.	○	○	○	○	○

※ 본 설문은 관련 종사자들의 의견으로 작성된 참고용 자료입니다. 해당 직업에 대한 절대적 기준이 아니며, 다른 의견도 있음을 알려드립니다.

매우 그렇다(5점) / 그렇다(4점) / 보통이다(3점) / 아니다(2점) / 매우 아니다(1점)

40~45점　당신을 위한 직업이군요.
30~39점　해당 분야에 재능이 있습니다.
20~29점　해당 직업에 대한 진지한 고민이 필요합니다.
20점 이하　다른 분야를 먼저 살펴보세요.

1. 뮤지컬 무대, 이렇게 나눌 수 있다.

뮤지컬 배우의 3요소는 노래와 춤과 연기이다. 노래와 춤이 있다 보니 보컬로 활동하는 많은 사람이 뮤지컬 배우에 도전한다. 가수로 활동하면서 인기 뮤지컬 배우로 자리 잡는 사람도 자주 볼 수 있다. 뮤지컬은 여러 가지 기준으로 나눌 수 있지만, 노래를 중심으로 뮤지컬을 나누면 다음과 같다.

노래로만 구성된 뮤지컬(Sung-Through Musical)

일반적으로 대사 없이 모두 노래로 구성된 뮤지컬을 Sung-Through Musical이라고 한다. '레미제라블'이나 '요셉 어메이징' 같은 뮤지컬이 여기에 속한다. 모든 대사가 노래이기 때문에 배우들이 부담을 많이 느끼는 편이다. 따라서 공연 기간이 긴 경우 배우의 목 관리가 매우 중요하다.

대사 없이 노래로만 감정과 극의 내용을 전달하기 때문에 가수의 출연이 많은 분야이기도 하다. '요셉 어메이징'의 경우 현직 가수들이 대거 주연으로 출연하기도 했다.

대사와 노래가 함께 있는 뮤지컬

우리에게 가장 친숙한 뮤지컬이다. 노래와 대사가 같이 나오기 때문에 연기력과 대사 전달이 중요한 뮤지컬이다. '오페라의 유령'이나 '미스 사이공' 같은 뮤지컬이 여기에 속한다. 일반적으로 이런 뮤지컬은 대사를 통해 드라마를 전개하고, 노래는 등장인물의 중요한 감정을 전달할 때 이용한다. 배우의 디테일한 연기가 도드라지는 편이어서 가수가 무대에 서려면 노래뿐만 아니라 연기 연습에 큰 노력을 기울여야 한다.

친숙한 노래를 들을 수 있는, 주크박스 뮤지컬(Jukebox-Musical)

주크박스 뮤지컬은 동전을 넣어 노래를 듣는 주크박스에서 이름을 따왔다. 극적인 형식과 기존 노래들을 묶어서 뮤지컬로 만든 경우이다. '맘마미아(ABBA)'나 '그날들(김광석)'처럼 한 가수의 노래로 전체 극을 구성하기도 하고, '젊음의 행진'처럼 여러 노래를 섞어서 하나의 드라마로 만들기도 한다. 주크박스 뮤지컬은 대중에게 사랑받았던 기성곡 중심이기 때문에 가요 작곡가의 참여가 많은 편이고 새로운 형식이 다양하게 시도되는 분야이다.

2. 뮤지컬 배우가 되고 싶다면?

왕도는 없다. 오디션을 보자

유명한 아이돌 가수나 연기자가 아닌 이상 뮤지컬 배우가 되는 데는 왕도가 없다. 노래, 연기, 춤 실력을 꾸준히 다지면서 공개 오디션을 봐야 한다. 유명 뮤지컬 배우도 공개 오디션을 보고 앙상블부터 시작해서 조연과 주연으로 성장한 경우가 대부분이다.

뮤지컬 오디션은 정말 다양한 방법으로 진행된다. 기본적으로 지정곡과 자유곡을 불러야 하는데 이때 가사가 또렷하게 들리는 것이 중요하다. 오디션 현장에서 받은 대본에 맞춰 연기를 시키기도 하고 아크로바틱이나 마임 같은 춤을 요구하는 경우도 있어서 뮤지컬 배우를 꿈꾼다면 정말 다재다능한 엔터테이너가 되어야 한다. 한두 번 오디션에 떨어졌다고 절대 실망하지 말고 계속 실력을 키우면서 도전하는 자세가 필요하다.

뮤지컬 관람하기

뮤지컬 배우를 꿈꾼다면 최대한 많은 뮤지컬을 관람하자. 학생이어서 경제

사정이 여의치 않다면 뮤지컬 관련 영상을 찾아보는 것도 좋다. 배우의 연기를 보면서 내가 연습했던 장면들이 자연스럽게 떠오른다면 오디션을 볼 때 좀 더 자신감을 얻을 수 있다. 또한 오디션 중에 특정 뮤지컬 넘버를 시키는 경우가 있기 때문에 유명 뮤지컬의 노래들은 언제든 부를 준비가 되어 있어야 한다.

문화 활동은 다양하게

뮤지컬은 연기, 춤, 노래가 어우러진 종합 예술이다. 따라서 뮤지컬 배우를 꿈꾼다면 다양한 문화 활동을 하는 것이 좋다. 노래, 춤, 연기 연습뿐만 아니라 독서, 연극, 전시회 관람 등을 통해 여러 감정을 간접 경험하고 자신만의 개성과 색깔을 만들어가는 노력이 필요하다.

뮤지컬 배우! 이것이 궁금해요?!

Q1. 뮤지컬 오디션 정보는 어디서 확인할 수 있나요?

Our Theatre Review 사이트인 www.otr.co.kr 홈페이지에 들어가면 오디션을 포함한 각종 뮤지컬 정보를 확인할 수 있습니다. 제작사 홈페이지, 극단 홈페이지, 뮤지컬 관련 인터넷 카페에도 오디션 정보가 올라오니 참고해 보세요.

Q2. 오디션을 볼 때마다 심사위원의 표정이 신경 쓰입니다. 심사위원의 표정이 좋지 않으면 연기 중에 자신감이 떨어져요. 어떻게 하면 신경 쓰지 않고 오디션을 볼 수 있을까요?

개인마다 긴장감을 극복하는 방법은 다르지만, 더 많은 경험을 통해 오디션 환경 자체에 주눅 들지 않는 것이 가장 좋은 방법입니다. 한 번에 합격하면 좋겠지만 그런 일은 정말 드문 경우입니다. 왕성하게 활동 중인 뮤지컬 배우도 처음에는 수십 번씩 오디션에 떨어진 경험이 있습니다. 또한, 심사위원들은 오디션마다 수백 명의 지원자를 보기 때문에 오디션 후반부로 갈수록 피곤한 표정을 짓기도 합니다. 연기가 마음에 들지 않아 표정이 어두워졌다고 생각하지 않아도 괜찮습니다.

Q3. 뮤지컬 배우도 월급을 받나요?

뮤지컬 배우는 월급을 받지 않습니다. 출연이 확정된 공연의 역할과 비중 그리고 출연 횟수에 따라 공연비를 받습니다.

27. 보컬 트레이너

보컬 트레이너는 노래를 전문적으로 지도하는 일을 한다. 학원 강사와는 다르게 기획사 연습생이나 뮤지컬 배우처럼 실전에서 활동하는 뮤지션을 가르치는 편이다. 단순한 테크닉 전수를 넘어 학생의 음색, 개성, 음역대 등을 찾아주고, 혼자 연습하는 방법도 알려주어야 하므로 자신만의 노하우가 중요한 직업이다.

♫ 나는 보컬 트레이너에 잘 어울리는 사람일까?

Check Point 노하우, 발성, 프로, 연구	매우 아니다	아니다	보통 이다	그렇다	매우 그렇다
발성의 원리를 알고 있다.	○	○	○	○	○
노래를 잘하는 나만의 노하우가 있다.	○	○	○	○	○
가르치는 일을 좋아한다.	○	○	○	○	○
추상적인 것을 구체적으로 설명할 수 있다.	○	○	○	○	○
대충대충을 싫어하고 전문가답게 일 처리를 한다.	○	○	○	○	○
한 분야를 집중적으로 공부할 수 있다.	○	○	○	○	○
다른 사람을 배려하는 성격이다.	○	○	○	○	○
상대의 눈높이에 맞춰 노래 시범을 보일 수 있다.	○	○	○	○	○
시간 약속을 잘 지킨다.	○	○	○	○	○

※ 본 설문은 관련 종사자들의 의견으로 작성된 참고용 자료입니다. 해당 직업에 대한 절대적 기준이 아니며, 다른 의견도 있음을 알려드립니다.

매우 그렇다(5점) / 그렇다(4점) / 보통이다(3점) / 아니다(2점) / 매우 아니다(1점)

40~45점 당신을 위한 직업이군요.
30~39점 해당 분야에 재능이 있습니다.
20~29점 해당 직업에 대한 진지한 고민이 필요합니다.
20점이하 다른 분야를 먼저 살펴보세요.

1. 보컬 트레이너, 이런 일도 한다.

본격적으로 노래를 가르치기 전, 보컬 트레이너는 학생의 현재 실력을 파악하고 처한 상황에 따라 목표를 설정해 주어야 한다. 이에 맞춰 레슨 커리큘럼을 설계하는 일도 보컬 트레이너의 몫이다.

학생별 커리큘럼 작성

노래를 잘하기 위해서는 여러 가지 요소가 유기적으로 작동해야 한다. 호흡, 발성, 테크닉부터 시창, 청음, 곡 해석 등 보컬 트레이너가 신경 써야 하는 분야는 종류가 꽤 많다. 고음은 잘 내지만 호흡이 불안정한 학생은 호흡을 안정적으로 하는 교정 훈련

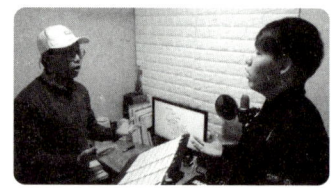

보컬 트레이너는 다양한 코칭 경험과
자신만의 노하우가 필수적인 직업이다.

을 해야 하고, 악보를 못 읽는 경우 시창, 음감이 자꾸 떨어지면 청음 연습도 시켜야 한다. 목 관리나 노래 후 회복을 위한 방법도 알려주어야 한다. 주의할 점은 연습하기 좋은 방법이라도 모두에게 일률적으로 적용할 수 없다는 것이다. 사람마다 목 상태와 특성이 다르기 때문에 보컬 트레이너는 학생별로 맞춤형 트레이닝을 준비해야 한다. 그래서 다양한 코칭 경험과 자신만의 노하우가 필수적인 직업이라고 할 수 있다.

학생의 레슨 목적이 무엇이냐에 따라 트레이닝 방향이 달라질 수 있다. 아이돌을 꿈꾸는 연습생과 뮤지컬 배우의 트레이닝 방법이 같을 수 없다. 분야별로 발성법도 다르고 집중적으로 연습하는 부분도 차이가 있다.

조언자와 상담자의 역할

보컬 트레이너를 하다 보면 수많은 가수 지망생을 만난다. 대부분 성공한 가수의 모습을 꿈꾸며 연습을 시작하지만, 현실적으로 꿈을 이루는 경우는 많지 않다. 그렇기 때문에 보컬 트레이너는 학생에게 무조건 장밋빛 미래를 말해주기보다, 때로는 현실적으로 냉정한 평가를 해야 한다. 학생의 가능성과 실력을 바탕으로 어떤 방향으로 진로를 정하는 것이 좋은지 조언해 주는 것도 트레이너의 몫이다. 실제로 가수를 꿈꾸다가 가르치는 일에 재능을 발견하고 보컬 트레이너로 진로를 바꾼 사람도 많다. 아이돌을 준비하다 트레이닝을 통해 뮤지컬 배우가 되기도 한다. 트레이너는 학생들과 자주 만나고 많은 이야기를 하므로 자신이 하는 일에 철저한 책임 의식을 가지고 있어야 한다. 단순히 노래하는 기술을 가르치는 일을 넘어 한 사람의 인생에 중요한 조언자가 되기 때문이다.

2. 보컬 트레이너, 이런 곳에서 일한다.

기획사 보컬 트레이너

일정 규모 이상의 기획사는 전담 보컬 트레이너를 직원으로 채용하거나 유명 프리랜서 트레이너를 고용한다. 기끔은 기획사의 선배 가수가 후배들을 가르치는 개념으로 트레이너 역할을 맡기도 한다.

기획사의 전담 보컬 트레이너는 주로 연습생의 실력을 프로 수준으로 끌어올리는 역할을 하는데, 회사로 정기적인 출근을 하기 때문에 연습생의 목상태, 소리 수준, 연습량 등을 자세히 체크할 수 있다. 연습생에게 어떤 장르의 곡이 주어지더라도 소화할 수 있도록 다양한 보컬 레슨을 제공할 수 있어야 한다.

학원 보컬 트레이너

보컬 트레이너는 기획사 자회사 개념의 보컬 전문학원, 실용음악학원, 취미 음악학원, 문화센터, 음치 클리닉 등에서도 일을 한다.

보컬 전문학원은 연습생이나 가수 지망생을 대상으로 트레이닝을 제공한다. 프로 데뷔가 목표이기 때문에 트레이닝 과정도 더욱 실제적이고 즉각적인 결과가 나오도록 구성한다.

실용음악학원에서는 주로 대학 입학을 목표로 하는 학생을 가르친다. 이때 트레이너는 입시를 담당한다는 책임감을 갖고 학생의 기본기부터 탄탄히 다져주고, 어느 정도 실력이 향상되면 입시 곡을 선정하여 보컬의 완성도를 높여주어야 한다.

반면 취미 음악학원이나 음치 클리닉은 일반인을 대상으로 노래를 가르치는 곳이다. 취미 보컬반의 경우도 전문가에게 코칭을 받아 노래 실력을 향상시키려는 사람이 많다. 그래서 일반인 레슨이라고 하여 더 쉽거나 가볍지 않다. 오히려 전문적으로 음악을 하는 사람이 아니기 때문에 더 자세한 설명이 필요하다. 음치 클리닉은 기본적인 음정과 박자 감각이 없는 사람이 찾아오는데, 보컬 트레이너는 정확한 소리를 내지 못하는 신체적, 심리적 원인을 파악하고 교정해 주는 역할을 한다.

개인 레슨 보컬 트레이너

보컬 트레이너 스스로 학생을 모집해 레슨을 하는 경우도 있다. 보통 트레이너의 개인 연습실에서 수업을 진행한다. 보컬 트레이너 본인이 레슨에서 발생하는 모든 제반 사항을 처리해야 하므로 철저한 사전 준비와 친절한 태도, 맞춤형 커리큘럼 등이 필요하다.

유명 보컬 트레이너는 현역 가수나 뮤지컬 배우, 연예인에게 개인 레슨을 하기도 한다. 이 경우 주로 단기적 목적을 가지고 레슨을 진행할 때가 많다. 유명 가수나 연예인을 가르치면 트레이너의 경력에 많은 도움이 된다.

분야별 이력서 작성 요령

기획사는 트레이너의 학력보다 실전 경력을 중요하게 생각하는 편이다. 따라서 이력서 상단에 트레이닝, 음반 발매, 라이브 무대, 녹음 경력 등을 먼저 작성하고 그다음 출신 학교를 적는 것이 좋다. 가르쳐야 하는 연습생의 개성이 강한 경우가 많기 때문에 어떤 방식으로 레슨을 끌고 갈지 설명하는 것도 필요하다. 자신의 리더십을 어필할 수 있는 경험이 있다면 꼭 작성하자.

실용음악학원 이력서는 작성 요령이 약간 다르다. 입시를 목표로 하는 학생들을 가르쳐야 하기 때문에 출신 대학을 먼저 적어야 한다. 특히 실용음악과 입학을 성공시킨 사례가 있다면 잘 보이도록 작성하자. 학생을 맡으면 입시가 끝날 때까지 책임지겠다는 성실한 모습을 보이는 것이 좋다.

취미 음악학원과 음지 클리닉은 트레이너의 친화력을 중요하게 본다. 보컬 트레이너 활동, 출신 학교뿐만 아니라 학생에게 자신감과 용기를 북돋아 줄 방법을 작성하도록 하자. 일반 사회생활 경력도 적는 것이 좋다.

보컬 트레이너! 이것이 궁금해요?!

Q1. 보컬 트레이너의 장단점을 말해주세요.

보컬 트레이너는 기본적으로 노래 부르기를 좋아하는 사람입니다. 좋아하는 일을 하다 보니 수강생과 함께 음악에 흠뻑 빠지기도 하고 레슨을 통해 오히려 자신의 실력이 향상되기도 합니다. 프리랜서 트레이너로 일하는 경우 본인의 음악 활동과 트레이너를 병행할 수 있다는 장점도 있습니다.

단점은 보컬이란 기본적으로 몸을 악기 삼아 연주하는 일이기 때문에 에너지가 많이 소비됩니다. 노래를 부르며 설명하고 시범을 보여야 하기 때문에 컨디션 관리에도 항상 주의해야 합니다.

Q2. 실용음악 보컬 전공 학위가 있어야 보컬 트레이너가 될 수 있나요?

실용음악대학의 학위가 보컬 트레이너의 필수 요건은 아닙니다. 현재 왕성하게 활동하는 트레이너도 보컬 전공을 하지 않은 분이 많습니다. 그 대신 누구나 인정할 만한 실력과 경력을 가지고 있는 경우가 대부분입니다. 실용음악과의 인기가 높아져서 최근에는 보컬 학과 출신의 트레이너가 많아지고 있습니다.

Q3. 저는 별다른 인맥이 없는데요. 대형 기획사의 보컬 트레이너가 될 수 있을까요?

네, 될 수 있습니다. 예전에는 지인을 통한 채용이 많았지만 요즘 대형 기획사는 거의 공개 채용을 진행합니다. 인맥이 없다고 실망하지 말고 실력을 높이고, 경력을 쌓아 잘 준비하길 바랍니다. 외국인 연습생을 트레이닝하는 일도 있기 때문에 노래와 더불어 외국어 공부를 열심히 하기 바랍니다.

1. 보컬 트레이너는 주로 어떤 일을 하나요?

간단하게 말하면 노래를 가르치는 직업입니다. 하지만 트레이너라는 말에서 알 수 있듯이 학생들의 가창을 바로잡아 주고(Fix), 다듬어 주고(Care), 훈련하는(Training) 일까지 해야만 진정한 보컬 트레이너라고 말할 수 있습니다. 보컬 트레이너는 단순히 가르치는(Coaching) 일 이상의 역할을 해야 합니다.

2. 보컬 트레이너를 하게 된 계기가 있으신가요?

많은 분들과 비슷하게 저도 처음에는 플레이어(Player)를 준비하고 있었습니다. 그러던 중 저의 스승님께서 '너는 부르는 것보다 듣고 가르치는 것이 더욱 적성에 맞을 것 같다'라는 말씀을 해주셔서 그때 이후로 보컬 트레이너로 진로를 바꾸게 되었습니다.

3. 보컬 트레이너가 되려면 어떤 준비를 해야 하나요?

일반적으로는 관련 학과를 졸업하고 교원 자격증을 받아서 학원에 취직하거나 개인 레슨 선생님이 되는 경우가 많습니다.

하지만 트레이너라는 직업의 특성상 스스로 연구하여 온전히 체화된 자신만의 트레이닝 방법이 있어야 합니다. 이 방법이 많은 학생을 통해서 결과가 입증되었을 때, 비로소 보컬 트레이너라는 이름을 얻을 수 있다고 생각합니다.

4. 인기가 많은 보컬 트레이너이신데 혹시 비결이 있으신가요?

당연한 이야기겠지만 지금 우리가 살아가고 있는 사회에 대한 명확한 해석이 필요하다고 생각합니다. 음악은 결국 문화이고 그래서 동시대의 트렌드나 흐름을 잘 알고 있어야 합니다.

또한 트레이너 자신을 브랜딩 하는 것도 중요합니다. 저는 이 부분에서 다른 분들보다 조금 더 생각이 유연했던 것 같습니다.

5. 보컬 트레이너로서 노래 다음으로 중요한 덕목은 무엇이라고 생각하시나요?

노래 다음이 아니라, 노래보다 먼저 인성이 중요하다고 생각합니다. 노래를 부른 다는 것은 자신만을 위한 일이 아닙니다. 남을 생각할 줄 아는 인성이 있어야 자신이 들려주고자 하는 마음이 다른 사람에게 진정으로 전달된다고 생각합니다.

6. 보컬 트레이너의 매력은 무엇인가요?

사실 매력이란 것을 생각해 본 적이 별로 없습니다. 그만큼 보기보다 힘든 직업입니다. 하지만 어렵고 힘들다는 것은 지루할 틈이 없다는 의미이기도 합니다.

보컬 트레이너는 끊임없이 자기 자신을 갈고닦고, 새롭게 알게 된 것들을 정립하여 교육까지 이어갑니다. 이런 일련의 과정에서 느끼는 희열이 보컬 트레이너의 매력인 것 같습니다.

7. 보컬 트레이너의 힘든 점은 무엇인가요?

앞에서도 말씀드린 것처럼 보컬 트레이너는 계속해서 자신을 단련해야 합니다. 그래서 언제나 적당한 긴장감이 있습니다. 시대의 요구에 뒤처지면 어느새 직업적으로 많은 것을 잃을 수도 있습니다. 이런 부분이 보컬 트레이너로서 느끼는 어려움입니다.

8. 보컬 트레이너를 꿈꾸는 학생들에게 조언 한마디 부탁드립니다.

노래를 잘 부르지 못해서 혹은 가수로 데뷔하지 못해서 보컬 트레이너가 된다는 말은 정말 옛날이야기입니다. 전문성을 갖춘 교육자의 책임감이 필요합니다. 이를 바탕으로 학생을 이끌어야만 좋은 음악인을 육성할 수 있습니다.

자신보다 학생을 먼저 생각하는 마음 또한 매우 중요합니다. 실력도 있으면서 다른 사람의 상황을 배려하고 공감할 줄 아는 분들이 보컬 트레이너로 많이 진출했으면 좋겠습니다.

장효진 보컬 트레이너

휘성, 더레이, 써니힐, 엠블랙, 비스트, 정성화 등 가수 및 연기자 트레이닝
SM, YG 등 30여 개 엔터테인먼트 전담 외주 트레이너
아프리카 TV 보컬 레슨 온라인 강의

28. CCM 가수

기독교 대중음악인 CCM(Contemporary Christian Music)은 더 이상 낯선 장르가 아니다. 실용음악대학에도 관련 전공이 있고, 기독교 음악 전문 교육기관도 운영되고 있다. 소리엘, 박종호, 송정미 등이 활동했던 CCM의 황금기인 90년대와 비교하면 시장이 많이 침체된 것은 사실이지만 소향과 같이 크로스오버 활동을 하는 가수들도 늘어나고 있다. 음악과 기독교 신앙을 소명으로 생각하는 자세가 필요하다.

♬ 나는 CCM 가수에 잘 어울리는 사람일까?

Check Point 신앙심, 사명감, 노래 실력	매우 아니다	아니다	보통 이다	그렇다	매우 그렇다
기독교 신앙이 있으며 노래를 잘한다.	○	○	○	○	○
CCM을 자주 듣고 따라 부른다.	○	○	○	○	○
자기 일에 자부심을 갖는 편이다.	○	○	○	○	○
경제적인 이익보다는 이상을 중요하게 생각한다.	○	○	○	○	○
무대에 서는 것이 낯설지 않다.	○	○	○	○	○
말을 조리 있게 하는 편이다.	○	○	○	○	○
찬양팀에서 활동한 경험이 있다.	○	○	○	○	○
한 개 이상의 악기를 잘 다룰 줄 안다.	○	○	○	○	○
교회에서 봉사하는 시간이 즐겁다.	○	○	○	○	○

※ 본 설문은 관련 종사자들의 의견으로 작성된 참고용 자료입니다.
해당 직업에 대한 절대적 기준이 아니며, 다른 의견도 있음을 알려드립니다.

매우 그렇다(5점) / 그렇다(4점) / 보통이다(3점) / 아니다(2점) / 매우 아니다(1점)

40~45점 당신을 위한 직업이군요
30~39점 해당 분야에 재능이 있습니다.
20~29점 해당 직업에 대한 진지한 고민이 필요합니다.
20점 이하 다른 분야를 먼저 살펴보세요.

1. CCM 가수, 이런 일을 한다.

음반 제작

대중 가수와 마찬가지로 CCM 가수도 활동을 위한 앨범이 필요하다. 대중 가수는 기획사에서 앨범을 준비하는 게 일반적이지만, CCM 가수는 기획부터 제작까지 직접 맡아서 하는 경우가 많아지고 있다. 기독교 음악 기획사가 드물기도 하고 장르의 성격상 자작곡 수록이 많기 때문이다.

따라서 CCM 가수를 하려면 좋은 음악성뿐만 아니라 앨범 제작에 관한 전반적인 지식이 있어야 한다. 함께 작업에 참여할 아티스트를 많이 아는 것이 좋다. 특정 재단이나 교회의 후원으로 제작하는 앨범의 경우, 외주 기획사를 통해 제작 전반을 진행하기도 한다.

초청 공연

CCM 가수는 주로 교회의 초청을 받아 공연 활동을 한다. CCM 가수의 공연은 대중 가수의 공연과 다소 차이가 있다. 종교적인 특성상 사람을 대상으로 하는 노래가 아닌 곡들이 많고, 청중과 같이 찬양하는 시간도 들어가 있는 편이다.

또한 CCM 가수는 공연 중간 자신의 이야기를 하거나 곡에 대한 설명을 하는 일이 많기 때문에 좋은 매너와 언변도 필요하다. CCM 가수의 공연은 교회뿐만 아니라 미션 스쿨, 대학교 채플, 군부대 등 예배가 있는 곳이라면 어디에서든지 이뤄질 수 있다.

방송 출연

CBS, CTS, 극동방송 등 여러 기독교 방송국이 생기면서 CCM 가수도 방송 활동의 기회가 많아지고 있다. CCM 가수가 주로 출연하는 프로그램은 찬양을 부르면서 중간에 이야기를 나누는 토크 형식이 많다. 방송 출연은 자신의 앨범을 알리고 수입도 올릴 수 있는 기회이다. 앨범이 나왔다면 방송국 PD에게 보내는 것도 섭외를 위한 좋은 방법이 될 수 있다.

최근에는 CCM 방송을 주로 하는 유튜브 채널도 늘어나고 있다. 꼭 방송 출연이 아니더라도 다양한 홍보 방법이 생겨나고 있으므로 CCM 가수들의 적극적인 대응이 필요하다.

2. CCM 가수, 이렇게 준비하자.

방송국 주최 성언 대회

CCM 가수가 되기 원한다면 기독교 방송국에서 주최하는 음악 경연 대회에 꼭 참가해야 한다. 방송 출연 기회를 가질 수 있고 입상하는 경우 데뷔 전부터 좋은 이력이 된다. 대부분의 경우 부상으로 음원 제작 기회를 제공하므로 경연 대회를 계기로 구체적인 활동 계획을 잡을 수도 있다. 다만 기독교 음악 경연 대회도 일반 오디션 프로그램 못지않게 뛰어난 음악성이 필요하다. 평소 철저한 준비가 있어야 한다.

오디션

자주 있는 편은 아니지만 CCM 기획사나 선교 단체에서 오디션을 진행하는 경우가 있다. 프로젝트 앨범을 만들거나 워십팀 모집을 할 때가 많은데 이런 오디션 기회를 살려 기독교 음악을 시작하는 것도 바람직하다.

CCM 가수! 이것이 궁금해요?!

Q1. CCM 가수가 되려면 음악과 신학 중, 어떤 전공을 하면 좋을까요?

어떤 전공이 확실히 좋다고는 이야기하지 못하지만 개인적으로는 음악 전공을 하는 것을 추천합니다. CCM 가수라고 해서 '음악성이 조금 모자라도 되겠지'라고 생각하면 안 됩니다. 작곡, 편곡, 작사 등 음악에 대한 전반적인 지식과 경험이 있으면 좋습니다. 물론 기독교 신앙 공부도 게을리하지 말아야 합니다. 추후 목회 활동을 같이할 예정이면 신학을 먼저 공부하는 것이 좋습니다.

Q2. CCM 가수는 수익을 많이 못 낸다고 들었는데요. 가수 활동만으로 생계유지가 가능할까요?

정답은 없습니다. CCM 가수뿐만 아니라 대중 가수들도 같은 고민을 합니다. 특히 CCM 시장은 규모가 작아 전업으로 하기가 쉽지 않습니다. 현실적으로 추가 수입을 올릴 수 있는 다른 직업을 함께 고민하는 것이 좋습니다. 음악을 전공했다면 학원 강사나 레슨 등으로, 신학을 전공했다면 교회 사역 등을 병행하는 방식입니다.

1. 어떻게 데뷔하게 되셨나요?

목회자 가정에서 태어나서 어렸을 때부터 자연스럽게 찬양팀, 성가대를 했습니다. 청년 때 예배팀 활동 중, CCM 가수 제안이 있었는데, 그 당시는 자신이 없어서 일반 회사 면접을 보러 갔습니다. 그때 만난 어떤 분이 진짜 하고 싶은 것부터 해 보고 회사에 들어와도 늦지 않다고 조언해 주셨고 그 이후 제가 살아가는 이유와 제가 노래하는 이유를 찾게 되었습니다. 하나님의 마음을 잘 담아서 찬양하기 위해 신학대학원 공부를 준비하던 중 CCM 기획사 프로듀서로부터 제안을 받아 앨범을 내고 데뷔하게 되었습니다.

2. CCM 가수가 되기 위해서는 음악과 신학 중, 어느 전공을 하는 게 좋을까요?

CCM은 동시대의 크리스천 정체성을 잘 표현해야 하는데 신학이 어느 정도 도움은 되겠지만 그것을 꼭 보장하지는 않는다고 생각합니다. 목회자를 꿈꾸는 것이 아니라면 음악을 전공하는 것도 괜찮습니다. 두 개를 모두 할 수 있다면 더 좋습니다. 개인적으로 음악을 먼저 하고 신학을 하는 것을 추천합니다.

사실 한국 교회는 찬양 사역자를 가수가 아닌 메신저로 보는 경향이 크기 때문에 신학을 공부한 CCM 사역자를 선호합니다. 하지만 CCM 가수는 신학적 지식보다 삶 속에서 바른 신앙을 지키는 사람이 더 잘할 수 있는 일이라고 생각합니다.

3. 주요 수익은 어떻게 생기나요?

제가 신인 때는 음반 판매가 주요 수익이었습니다. 그 수익으로 삶을 유지하면서 새 음반을 준비했습니다. 하지만 지금은 공연(집회, 방송)을 갔을 때 받는 사례비가 가장 비중이 큽니다. 저작권, 실연권 등으로 받는 수익도 적게나마 있습니다. 음반이나 음원 수익은 미미한 편입니다. CCM 시장이 워낙 작아서 음원 수익은 인디 음악을 하는 분들보다 훨씬 적게 들어오는 편입니다. 기독교 음악에 대한 음원 수익은 예배팀이 아니면 소수를 제외하고는 거의 없는 추세입니다.

4. 일반 대중 가수와 비교할 때 비슷한 점과 차이점은 무엇인가요?

비슷한 점은 음악을 연주하고 노래를 한다는 것입니다. 대중 가수들이 이야기하는 행사가 저희의 교회 초청 사역과 비슷합니다. 다른 점은 찬양 사역자는 대중 앞에 서지만 그 마음 중심은 하나님 앞에 서야 한다는 것입니다. 음악도 잘해야 하지만 그보다 기독교적 메시지를 음악에 잘 담아서 전달하는 게 더 중요합니다.

5. 노래 이외에 CCM 가수가 되기 위해 가장 중요한 덕목은 무엇일까요?

가장 중요한 것은 인격이라고 생각합니다. 무대에서 노래하는 만큼 실제 삶에서도 살아내려고 노력해야 합니다. 찬양이 내 삶이 되어야 하고 그 삶을 바탕으로 노래를 만들고 불러야, 사람들에게 진정성이 전달되기 때문입니다.

6. CCM 가수로 활동하면서 좋은 점과 나쁜 점을 말씀해 주세요.

좋은 점은 찬양하는 삶 자체가 행복합니다. 쓰임 받는 것 자체가 기쁨입니다. 성경에 그렇게 나와 있으니까요.

안타까운 것은 CCM 가수는 '대중 가수보다 실력이 좋지 않다'라는 인식이 있습니다. 사실은 전혀 그렇지 않습니다. CCM 가수는 립싱크를 하지 않습니다. 무대에서 한 시간가량 노래하며 전체를 소화하는 경우가 대부분입니다. 어쩌면 더 정직하게 잘해야 할 수 있는 일입니다.

7. CCM 가수를 꿈꾸는 학생들에게 조언 한 마디 부탁드립니다.

첫 번째, 무대에서 노래하는 가수로 사는 것이 아닌, 고백하는 찬양처럼 살아내는 게 CCM 가수의 삶입니다. 그렇게 살겠다는 마음의 준비가 있어야 합니다.

두 번째는 실력 50%, 신앙 50% 이렇게 생각하지 말고 실력 100%, 신앙 100%가 되기 위해 노력하기 바랍니다. 그래서 어떤 면에서는 대중음악을 하는 사람보다 CCM 가수들이 더 힘든 것 같습니다. 음악은 잘해도 신앙이 없으면 메시지를 잘 전달하지 못할 수 있습니다.

마지막으로 정해진 길은 없으니 다양하게 준비하면 좋겠습니다. 요즘은 관련 대회도 다양하니 꼭 참가하기 바랍니다. 그리고 먼저 이 길을 걷고 있는 선배 사역자와 잘 동역하길 부탁드립니다.

강찬 CCM 가수

서울신학대학교 신학대학원 졸업
제11회 CBS 창작복음성가제 은상 수상
2006년 CCM Award Festival 7대 가수상 수상
'섬김', '하늘을 봐', '십자가', '사명자' 등
www.kangchan.co.kr

08

음악으로 사업하기

29. 실용음악학원

실용음악학원은 교육 사업이다. 다시 말해, 교육적인 마인드와 사업적인 마인드가 둘 다 중요한 분야이다. 2000년대 초반까지만 해도 제법 운영이 보장된 사업이었지만, 최근 몇 년 사이 실용음악학원이 기하급수적으로 늘어나면서 경쟁이 치열해지기 시작했다. 학원 설립에 뜻이 있다면 장기적인 계획을 가지고 꼼꼼히 준비해야 한다.

♬ 나는 실용음악학원 운영에 잘 어울리는 사람일까?

Check Point 사업 감각, 음악성, 네트워킹, 도전 의식	매우 아니다	아니다	보통 이다	그렇다	매우 그렇다
음악적 기본 소양을 갖추고 있다.	○	○	○	○	○
음악적으로 교류하는 동료와 선후배들이 많다.	○	○	○	○	○
실용음악과 진학 관련 입시정보를 잘 알고 있다.	○	○	○	○	○
문서로 업무를 처리하는 일에 능숙하다.	○	○	○	○	○
사명감과 책임감이 투철하다.	○	○	○	○	○
대화하고 설득하는 것이 어렵지 않다.	○	○	○	○	○
주변 사람들에게 신뢰감을 주는 편이다.	○	○	○	○	○
실패를 두려워하지 않고 도전을 즐긴다.	○	○	○	○	○
기본적인 세무 지식이 있다.	○	○	○	○	○

※ 본 설문은 관련 종사자들의 의견으로 작성된 참고용 자료입니다. 해당 직업에 대한 절대적 기준이 아니며, 다른 의견도 있음을 알려드립니다.

매우 그렇다(5점) / 그렇다(4점) / 보통이다(3점) / 아니다(2점) / 매우 아니다(1점)

40~45점   당신을 위한 직업이군요.
30~39점   해당 분야에 재능이 있습니다.
20~29점   해당 직업에 대한 진지한 고민이 필요합니다.
20점이하   다른 분야를 먼저 살펴보세요.

1. 실용음악학원 운영자, 이렇게 일한다.

실용음악학원을 운영한다는 것은 기본적으로 음악교육 사업자를 등록하고 학생 유치를 한다는 말이다. 교육청 인증을 비롯해 여러 가지 기준을 준수하며 학원을 운영해야 한다. 홍보를 통해 원생을 모집하고 학원이 유지되도록 잘 관리해야 한다.

자신만의 교육 철학이 있어야 한다

실용음악학원은 엄연한 교육 사업이다. 금전적인 수입을 위해서만 운영하다 보면 금방 한계가 드러난다. 따라서 실용음악학원을 운영하기 원한다면 먼저 자신에게 투철한 교육 철학이 있는지 돌아보는 시간이 필요하다. 음악과 교육에 대한 원장의 생각이 확실히 정립되어야 학원 운영이 주먹구구식으로 되지 않는다. 특히 강사를 구인할 때도 실력뿐만 아니라 자신의 교육관에 동의하는 선생님을 선발하는 것이 좋다. 학생과 가장 많이 만나는 사람은 원장이 아닌 강사이기 때문이다.

음악학원 원장의 태도는 사춘기 학생들에게 많은 영향을 준다. 학원에 등록한 학생은 일차적으로 대학 합격이나 기획사 데뷔 같은 목적이 있지만, 원장과 강사의 태도를 통해 뮤지션으로서 갖춰야 할 기본 소양도 간접적으로 배운다. 따라서 언제나 행동에 주의하며 모범이 되어야 한다.

입학 상담은 원장이 직접 하자

실용음악학원은 단순히 음악을 가르치는 곳을 넘어 학생들의 꿈을 위한 장소이다. 부푼 꿈을 가지고 찾아온 학생을 가장 먼저 맞아주는 사람은 당연히 학원

상담은 원장이 직접하는 것이 좋다.
학생과 학부모의 신뢰를 높일 수 있다.

의 원장이어야 한다. 첫 면담을 통해 학생의 목표나 성향을 듣고 적절한 조언과 실력을 키울 수 있는 방법을 소개해 주어야 한다. 진로에 관한 고민을 이야기하는 경우도 많기 때문에 최신 입시 정보와 기획사 소식에도 밝을 필요가 있다. 혹 일정이 맞지 않아 다른 선생님이 입학 상담을 했을 경우, 추후 시간을 내어 해당 학생을 면담하는 것이 좋다. 이런 원장의 태도는 학생뿐만 아니라 학부모에게도 신뢰를 준다. 가능하다면 학원 등록생 모두의 이름을 외우는 것을 추천한다.

강사 관리도 중요하다

학원생 모집의 가장 좋은 방법은 훌륭한 강사를 섭외하는 것이다. 좋은 강사가 있으면 학생들이 먼저 알아보기 마련이다. 학원 강사는 음악적인 본업이 있으면서 파트타임 형식으로 수업하는 경우가 많기 때문에 원장은 강사의 근태 관리와 레슨 진행 상황을 잘 체크해야 한다. 간혹 수업 시간을 자주 변경하는 강사가 있는데 학생의 입장에서는 불만이 있어도 쉽게 말할 수 없으므로 이런 경우 원장이 이유를 파악하고 적절한 조치를 취해 주는 것이 좋다.

학생과 강사의 적당한 거리를 유지시켜 주는 것도 원장의 역할이다. 평소 강사에게 늘 존대하고 학생이 있는 곳에서 강사에 대한 불만을 말하는 모습은 피하는 것이 좋다. 원장으로 강사를 존중해 주는 만큼 학생들도 선생님을 존중하게 된다는 사실을 잊지 말자.

실용음악학원 운영! 이것이 궁금해요?!

Q1. 학원 운영에 처음 도전합니다. 기존 실용음악학원을 인수하는 것이 좋을까요? 처음부터 새롭게 시작하는 것이 좋을까요?

둘 다 장단점이 있습니다. 기존 학원을 인수할 경우 시설과 인테리어가 갖춰진 상태이고 이미 등록 중인 학생이 있어 보다 안정적으로 시작할 수 있습니다. 개원 시 진행해야 할 복잡한 절차도 생략되기 때문에 초보 원장에게 유리합니다. 다만 시설, 악기, 등록 학생 수에 따라 권리금이 있는 경우가 대부분이므로 사전 답사를 철저히 해야 합니다. 등록된 학생들이 정말 원비를 지불하고 다니는지 확인할 필요가 있습니다. 학원 위치나 주변 시설도 잘 살펴봐야 합니다.

한편 학원을 새롭게 개업하면 자신이 구상한 학원을 만들 수 있습니다. 처음부터 내가 만들어 간다는 성취감도 생깁니다. 하지만 학원 설립의 모든 절차를 직접 해야 하며, 등록 학생이 전혀 없다는 사실을 기억해야 합니다. 학원 개원 후 몇 달은 수입보다 지출이 많기 때문에 철저한 자금 계획을 세우는 것이 필요합니다.

Q2. 학원 강사를 모집하려고 합니다. 어떤 점에 주의해야 하나요?

학원 원장을 대상으로 한 설문 중, 학원 운영에서 가장 스트레스를 받는 부분이 '강사 관리'로 나온 적이 있습니다. 그만큼 강사 모집은 학원 운영에 매우 중요한 부분입니다. 입시 위주의 학원일 경우 강사의 출신 학교가 중요합니다. 하지만 개인적인 경험을 말씀드리면 학교의 간판보다 성실한 강사분들이 더 좋은 결과를 만들 때가 많았습니다. 학교 평판보다 대학 진학 후 어떤 태도로 공부했는지가 더 중요한 것 같습니다. 강사의 지각과 결근은 학원 이미지에 바로 타격을 줄 수 있으며, 뒷수습은 고스란히 원장의 몫이 됩니다. 강사 면접 시 충분한 대화를 통해 신중하게 채용해야 합니다.

**"훌륭하게 활동하는 친구들이 배출되면
정말 보람을 느낍니다."**

실용음악학원 대표 인터뷰 | **김형규**(모던K)

**1. 실용음악학원 원장의 주요 업무는 어떤
것들이 있나요?**

여러 가지 업무가 있지만 크게 3가지로
나눌 수 있습니다. 학생을 돌보는 것, 강
사들이 편하게 학생들을 가르칠 수 있는
시스템 구축, 직원이 강사를 잘 지원할 수
있도록 하는 것입니다. 학생, 강사, 직원
이렇게 세 구성원에게 집중하는 체계적인
시스템을 만드는 것이 실용음악학원 원장
이 해야 할 일이라고 생각합니다.

**2. 음악 전공을 하지 않고도 실용음악학원을
시작할 수 있을까요?**

제가 가지고 있는 상식선에서는 음악
전공을 하는 것이 필요하다는 생각입니
다. 진로 고민으로 찾아오는 학생을 상담
하거나 강사와의 협업을 위해서도 관련
전공을 하는 것이 좋습니다.

**3. 모던K는 학생들에게 많은 사랑을 받는 학
원으로 알고 있습니다. 비결이 무엇인가요?**

특별한 비결이 있다기보다, 가장 기본
적인 것을 충실히 하고 있습니다. 학생들
은 모던K에 음악을 배우러 왔기 때문에
그들의 기량이 충분히 성장할 수 있는 교
육 환경과 시스템, 양질의 수업을 제공하
는 것을 중요하게 생각합니다. 또한 음악
적인 것뿐만 아니라 성품이나 아티스트
마인드 등을 학생들과 공유하고 있습니
다. 이를 위해 학습 분위기가 냉랭하지 않
고 서로 따뜻하게 배려하는 분위기가 되
도록 노력하고 있습니다.

**4. 학원 운영과 음악 활동을 병행하시는데,
어떻게 일정 조정을 하고 계시나요?**

학원과 엔터테인먼트를 운영하다 보
니 시간 배분에 신경을 많이 씁니다. 4시
간씩 회의 위주로 업무를 진행하는 편입
니다. 바쁜 일이 많지만, 너무 타이트한
삶이 되지 않기 위해서 저만의 휴식 시간
을 일주일에 한 번은 꼭 갖습니다. 또 작
곡가, 아티스트로서의 활동을 등한시하지
않기 위해 꼬박꼬박 음악 연습도 하고 있
습니다. 그래서 시간을 학원, 엔터테인먼
트, 작·편곡, 가족 중심으로 1/4씩 배분하
고 있습니다.

5. 학원을 운영하면서 언제 가장 보람을 느끼세요?

크게 두 가지인데, 학원에 다니면서 실력이 늘었다는 이야기도 기쁘지만, 부모님과의 갈등이 풀리거나, 학생의 긍정적 변화에 관한 이야기를 들으면 보람을 느낍니다. 아이들이 긍정적인 마인드로 바뀌면서 '모던K에 와서 제 삶의 변화가 일어났다'는 이야기나 부모님께서 아이들의 사회성이나 성품이 변했다는 말씀을 전해주시면 '이 일을 정말 열심히 해야겠구나'라는 다짐을 다시 한번 하게 됩니다. 다른 하나는 훌륭하게 활동하는 친구들(아티스트, 작곡가, 가수 등)이 배출되면 정말 기쁩니다. K-pop을 해외에 알리면서 국위선양하는 친구들을 보면 너무 뿌듯합니다.

6. 학원 운영 중 가장 힘든 점은 무엇인가요?

학원이 추구하는 바와 강사가 학생을 대하는 방법의 차이가 생길 때 힘이 듭니다. 저희 모던K는 30%의 카리스마와 70%의 따뜻함이 공존하는 강사가 가장 좋은 선생님이라고 생각하는데, 이에 가끔 카리스마가 70%이고 따뜻함 30%인 분들이 있습니다. 이런 지도 방식이 유용한 학생들도 있지만, 전체적으로 보면 음악 위주의 가르침만 앞서다가 학생들이 상처를 받거나 선생님에 대한 존경심이 약해지는 결과를 자주 봅니다. 또한 선생님과 학생 사이에 예절이나 인성적인 부분이 아쉬울 때 어려움을 느낍니다.

7. 실용음악학원 운영을 꿈꾸는 청년들에게 한마디 부탁드리겠습니다.

저는 학원을 일찍 시작한 편입니다. 시행착오도 많이 겪고 여러 가지 어려움도 있었지만 결국은 진정성 있게 사람을 대하며 일했을 때 좋은 결과가 있었습니다. 저는 정직을 중요하게 생각합니다. 모든 학원 운영을 정직하게 하면 때때로 어려움이 생기더라도 주변 분들과 함께 극복할 수 있습니다. 신뢰가 쌓여야 좋은 강사, 학생, 직원과 함께할 수 있습니다. K-pop의 영향으로 우리나라 음악 교육 시스템은 외국에서 인정을 받을 만큼 성장했습니다. 이런 부분을 더 좋은 환경으로 만들고자 하는 분이 많아졌으면 좋겠습니다. 음악을 사랑하는 젊은 분들이 한 번 더 시스템을 발전시켜야 하는 의무와 기회가 있다고 생각합니다. 응원합니다.

김형규 대표

現 ㈜ 모던K 실용음악학원 대표
現 ㈜ RBW Ent. 신인 개발 이사 겸 프로듀서
現 동아방송예술대학 실용음악학부 겸임 교수
경희대학교 포스트모던 음악과 1기 졸업
경희대학교 아트퓨전 대학원 1기 석사 과정
신인 개발 및 제작(포미닛, 비스트, 마마무 등)

30. 녹음실

예전에는 녹음실을 시작하려면 많은 자금이 필요했지만, 이제는 시퀀서 프로그램의 발달로 큰 비용을 들이지 않고도 녹음실을 운영할 수 있게 되었다. 시장 규모도 커지고 있어서 사업 전망이 밝은 편이다. 녹음실은 신고제이기 때문에 간단한 서류로 사업자등록이 가능하다. 다만 진입장벽이 낮은 대신 전문적인 기술과 영업력이 필요한 사업이다.

♬ 나는 녹음실 운영에 잘 어울리는 사람일까?

Check Point 사명감, 문서 업무, 네트워킹, 도전 의식

	매우 아니다	아니다	보통 이다	그렇다	매우 그렇다
차트 상위권 노래는 거의 다 들어보는 편이다.	○	○	○	○	○
청각이 예민하다.	○	○	○	○	○
음악 관련 소프트웨어를 잘 알고 있다.	○	○	○	○	○
장비를 다루는 일에 능숙하다.	○	○	○	○	○
유행과 트렌드에 민감하다.	○	○	○	○	○
완벽을 추구하여 결과물을 만드는 편이다.	○	○	○	○	○
창의성이 뛰어나다는 말을 종종 듣는다.	○	○	○	○	○
새로운 사람을 만나는 것이 좋다.	○	○	○	○	○
다른 사람과 함께 음악 만드는 것을 좋아한다.	○	○	○	○	○

※ 본 설문은 관련 종사자들의 의견으로 작성된 참고용 자료입니다. 해당 직업에 대한 절대적 기준이 아니며, 다른 의견도 있음을 알려드립니다.

매우 그렇다(5점) / 그렇다(4점) / 보통이다(3점) / 아니다(2점) / 매우 아니다(1점)

40~45점 당신을 위한 직업이군요.
30~39점 해당 분야에 재능이 있습니다.
20~29점 해당 직업에 대한 진지한 고민이 필요합니다.
20점이하 다른 분야를 먼저 살펴보세요.

1. 녹음실 시장, 생각보다 넓다.

녹음이 필요한 분야는 많다

녹음실 하면 가수의 앨범 녹음을 쉽게 떠올린다. 하지만 이외에도 녹음이 필요한 분야는 정말 다양하다. 내가 운영하고 있는 녹음실도 성우, 외국어 더빙, 선거 로고송, 학교 교가, 교재 음악, 광고 음악, 게임 음악, 영화 음악, 애니메이션, 심지어 일반인의 기념 앨범까지 정말 다양한 녹음을 하고 있다. 녹음이 필요한 분야를 많이 알수록 영업도 수월하다는 사실을 명심하자.

녹음실 사업을 하면서 가장 신경 써야 하는 부분은 고객의 요구를 정확하게 이해하는 것이다. 대부분의 고객은 음악 전공자가 아니기 때문에 원하는 것을 음악적으로 설명하지 못한다. 이럴 때 일반인이 쉽게 이해할 수 있는 표현을 사용하면서 요구 사항이 무엇인지 꼼꼼히 체크하는 자세가 필요하다. 가끔 '알아서 잘 만들어 달라'고 하는 분들이 있는데, 이럴 때도 녹음 전 레퍼런스를 들려주면서 고객의 취향을 파악하고 일을 시작하는 것이 좋다. 이 과정이 원활하지 못하면 잘못된 결과물이 나올 때가 많고 재작업을 하는 경우도 있어서 시간과 비용적인 측면에서 손해가 생길 수 있다. 규모가 큰 프로젝트는 자세한 사항을 문서로 작성하여 고객과 공유하는 것이 원활한 업무 진행을 위해 좋은 방법이다.

공공 입찰도 있다

새로운 고객을 확보하기 위한 영업에는 왕도가 없다. 작업의 성격에 따라서 접근하는 영업 방식이 다르다. 블로그나 SNS를 활용한 홍보도 필요하고 영업 사원을 통해 신규 업체 발굴도 해야 한다. 다만 어떤 홍보와 영업이라도 녹음실에서 진행한 작업물을 소개하는 자료가 필요하다. 동영상으로 준비된 자료가 효과가 좋은 편이다.

　많이 알려지지 않았지만 녹음 관련 공공 입찰이 종종 있다. 공공 입찰 사이트에 올라오는 입찰 공고를 확인하고 서류를 준비하면 된다. 자치단체 소개 영상에 필요한 성우 녹음을 하기도 하고, 외국어 번역물 더빙 같은 일도 있다. 공공 입찰을 하기 위해서는 필수적으로 잘 만들어진 회사소개서가 필요한데 일반적으로 녹음실 소개, 작업 가능한 분야, 회사 조직과 직원 소개, 작업 경력 등이 들어간다. 입찰에 성공하려면 치밀한 시장조사를 거쳐 견적을 산출해야 하는데 너무 높은 가격도 안 되지만 터무니없게 낮은 가격은 퀄리티가 좋지 못하다는 오해를 살 수 있다. 입찰에 성공한 경우 안정적인 거래처를 확보하게 되므로 장기적인 녹음실 운영에 많은 도움이 된다.

일반과세자로 시작하자

　녹음실 사업은 신고제이다. 따라서 별다른 조건이나 규제 없이 사업을 시작할 수 있다. 법인이 아닌 경우 사업자등록을 발급받을 때, 간이과세자와 일반과세자를 선택해야 한다. 녹음실의 경우 기업이 주요 고객인 경우가 많기 때문에 세금 계산서 발급 의무가 있는 일반과세자로 신고하는 것이 좋다. 간혹 매출이 적을 것으로 예상하고 간이과세자를 선택하는 분이 있는데, 세금 계산서 발행을 희망하는 기업 고객과 거래가 어려울 수 있다.

2. 녹음실 준비, 이것만은 꼭 체크하자.

습기 있는 곳은 피하자

 녹음실을 알아볼 때 장소의 습도를 꼭 확인해야 한다. 소음 문제로 녹음실 장소로 지하를 선호하는 경향이 있는데, 이때 공간의 습도가 너무 높으면 사용하는 장비에 문제가 생길 수 있고 의도한 대로 사운드가 녹음되지 않기도 한다. 또한, 습한 장소는 불쾌한 냄새가 나기도 하므로 녹음실을 찾는 고객이나 성우들에게 좋지 못한 인상을 줄 수 있다.

주변 시설을 잘 살펴야 한다

아무리 방음이 잘 되어 있는 곳이라도 주변 환경의 소음이 크면 녹음 자체가 어렵다. 근거리에 기계를 돌리는 회사가 있거나 건물 공사가 예정되어 있다면 녹음실 장소로 적당하지 않다. 또 같은 층에 여러 사무실이 있는 곳도 피하는 것이 좋다. 사무실이 많으면 이사도 자주 있어서 인테리어 공사 소음에서 벗어날 수 없디. 물론 주변이 완벽하게 조용한 장소는 많지 않다. 일상적인 소음은 대화를 통해 줄여가야 한다.

녹음 장비는 신중하게 선택하라

녹음실의 주요 수입 중 하나는 장소 대여다. 대여비는 녹음실이 갖추고 있는 장비에 따라 차이가 난다. 따라서 처음 녹음실을 세팅할 때 너무 저렴하거나 잘 알려지지 않은 장비는 피해야 한다. 일반적으로 엔지니어들에게 익숙한 장비를 준비하고 특히 마이크는 브랜드 있는 제품을 갖춰 두는 것이 좋다.

시공은 녹음실 공사 경험이 있는 업체와 하자

녹음실은 방음이 매우 중요하다. 큰 지출이 생기는 부분이므로 주의 깊게 시공해야 한다. 되도록 녹음실 공사 경험이 있는 업체와 계약하는 것이 좋다. 공사 시작 전 여러 회사와 상담을 하고 녹음실 공사 경험이 있는 업체를 고르도록 하자. 공사 경험을 확인할 때는 구체적으로 어디에 있는 녹음실을 작업했는지 알아봐야 한다. 공사 경험이 퀄리티를 보장하지는 않기 때문이다. 녹음실 공사는 음향에 대한 기본적인 지식이 있어야 하고, 인테리어에 쓰일 자재에 대한 이해도 필요하다. 이에 대한 실력이 부족한 경우 겉으로 보기에는 괜찮아도 제대로 된 녹음실 기능을 못 하는 문제가 발생할 수 있다.

녹음실 사업! 이것이 궁금해요?!

Q1. 작곡가로 활동 중이지만, 투잡으로 녹음실을 해보려고 합니다. 괜찮을까요?

녹음실을 하는 것은 반대하지 않지만, 본인의 역할이 무엇인지 분명히 정하는 것이 좋습니다. 작곡가 경력을 활용해서 녹음실 홍보와 영업을 하는 것이라면 전문성 있는 엔지니어를 고용해야 합니다. 반대로 믹싱과 마스터링에 대한 경험이 많아서 엔지니어 역할을 한다면 외부 영업을 도와줄 사람이 필요합니다. 궁극적으로 어떤 사업이든 수익 창출이 목표이므로 사업계획서를 작성해서 주변 선배들의 의견을 들어보길 바랍니다.

Q2. 녹음실을 하고 싶습니다. 어떻게 준비하는 것이 좋을까요?

가장 좋은 방법은 사업 시작 전 녹음실 근무를 해보는 것입니다. 엔지니어가 아니더라도 영업이나 일반 사무직으로 근무하는 것도 많은 도움이 됩니다. 녹음실 운영의 흐름을 알 수 있고 언제가 녹음 시장의 성수기인지 이해할 수 있습니다. 또한 녹음과 직간접적으로 연관이 있는 담당자와 인맥을 만들 수 있습니다.

Q3. 소규모 녹음실을 처음으로 시작하게 되었습니다. 어떻게 홍보하는 것이 좋을까요?

녹음실 사업을 처음 시작한 경우 작업 레퍼런스가 많지 않기 때문에 녹음실 경력보다는 장비 소개와 근무하는 엔지니어의 경력을 어필하는 것이 좋습니다. 상황에 따라 무료 체험 같은 이벤트나 지인들에게 녹음실 사용 기회를 제공해서 최대한 녹음실을 많이 노출하는 것이 중요합니다.

31. 연습실

음악 연습은 소리를 마음껏 낼 수 있는 공간이 필요하다. 집에서는 이런 환경 구축이 어렵고 학교 연습실도 한계가 있기 때문에 연습실 대여 사업이 생겼다. 연습실 운영은 기본적으로 공간 대여 사업이기 때문에 철저한 시설 관리가 중요하다. 악기에 따라 연습실 디자인이 다르므로 사업 시작 전, 치밀한 시장 조사가 꼭 필요한 분야이다.

♪ 나는 연습실 운영에 잘 어울리는 사람일까?

Check Point 관리, 배려심, 홍보 능력, 규칙	매우 아니다	아니다	보통 이다	그렇다	매우 그렇다
주변 정리를 잘하고 깔끔한 편이다.	○	○	○	○	○
실내에서 오랫동안 일하는 데 무리가 없다.	○	○	○	○	○
서비스 정신이 투철하다.	○	○	○	○	○
갈등이 있을 때, 중재자 역할을 잘하는 편이다.	○	○	○	○	○
SNS나 블로그를 잘 활용한다.	○	○	○	○	○
악기에 대한 기본 지식이 있다.	○	○	○	○	○
반복적인 일도 즐겁게 하는 편이다.	○	○	○	○	○
문서 작성과 기록을 꼼꼼히 한다.	○	○	○	○	○
합리적으로 사고하고 규칙을 잘 지킨다.	○	○	○	○	○

※ 본 설문은 관련 종사자들의 의견으로 작성된 참고용 자료입니다.
해당 직업에 대한 절대적 기준이 아니며, 다른 의견도 있음을 알려드립니다.

매우 그렇다(5점) / 그렇다(4점) / 보통이다(3점) / 아니다(2점) / 매우 아니다(1점)

40~45점 당신을 위한 직업이군요.
30~39점 해당 분야에 재능이 있습니다.
20~29점 해당 직업에 대한 진지한 고민이 필요합니다.
20점 이하 다른 분야를 먼저 살펴보세요.

1. 연습실 사업, 이렇게 시작하자.

접근성을 최우선으로 생각하라

연습실 사업을 시작할 때 가장 먼저 고려해야 하는 것은 접근성이다. 연습실의 주요 이용자는 실용음악 입시를 준비하는 학생이거나 대학생인 경우가 많기 때문에 대중교통을 이용해서 연습실에 오는 편이다. 따라서 찾기 쉽고 버스 정류장이나 지하철 역에서 걸어서 올 수 있는 곳이 이용객 유치에 유리하다.

연습실이 잘 보이는 대로변에 있으면 좋지만, 역세권의 경우 보증금과 임대료가 높은 편이므로 예산이 한정적이라면 이면 도로나 골목에 위치한 곳도 눈여겨봐야 한다. 연습실 이용객 중 상당수가 SNS 홍보를 보고 연습실을 대여하기 때문에 대중교통을 이용할 수 있는 거리라면 메인 도로가 아니라도 괜찮다.

시공은 처음부터 꼼꼼하게 하자

좋은 연습실의 첫 번째 기준은 방음이다. 사용자 입장에서는 자신이 내는 소리 이외의 모든 소리가 소음이다. 또한 연습하는 소리가 다른 사람에게 들리는 것을 꺼리는 경향이 있다. 따라서 연습실을 시공할 때는 각 방의 벽면뿐만 아니라 천장, 복도, 출입문까지 모두 체크하면서 방음에 신경을 써야 한다. 방음 공사는 한번 시공하면 쉽게 바꿀 수 없기 때문에 처음부터 좋은 자재로 예산을 아끼지 말고 진행하는 것이 좋다.

연습실을 설계할 때는 합주실도 배치하는 것이 바람직하다. 소규모 연습실은 보통 개인 연습실 8개, 합주가 가능한 대형 룸 1개로 구성된다. 간혹 합주실이 없거나 합주실 규모가 너무 작을 때가 있는데, 이런 경우 밴드 연습 공간을 찾는 고객을 놓칠 수 있다.

소규모 연습실은 대부분 건물 지하에 있어서 습기나 누수가 없는지 꼼꼼하게 살피고 문제가 있으면 건물주와 협의를 통해 반드시 공사하고 들어가야 한다. 개인이 들고 올 수 없는 피아노 같은 악기는 연습실에 갖춰 놓는데 습도에 매우 민감하므로 제습에 특별히 신경을 써야 한다.

등록은 빨리, 제대로 하자

연습실 운영도 사업이므로 세무서에서 신고한 후 영업해야 한다. 사업자등록 없이 운영하다가 주변 경쟁 업체의 신고로 벌금을 물어야 하는 상황이 발생할 수 있다. 연습실은 기업 고객보다 개인을 상대하고 처음부터 수입이 많지 않기 때문에 간이과세자로 시작해도 무방하다. 카드 결제가 가능하도록 하는 것도 잊지 말아야 한다. 의외로 카드 결제가 되지 않아 연습실을 바꾸는 일이 자주 발생한다. 연습실은 종류에 따라 신고 절차가 다를 수 있으므로 미리 세무서에서 상담받기를 추천한다.

2. 연습실 운영자라면 꼭 기억하자.

연습실에는 깐깐한 규칙이 필요하다

한 개의 연습실을 한 명이 전용으로 빌리는 경우도 있지만, 대부분 시간대를 나눠 여러 명에게 대여한다. 따라서 일부 이용자가 연습실을 함부로 사용할 경우 다른 사람이 불편함을 느끼고 대여를 꺼릴 수 있다. 이를 방지하기 위해 연습실 사용 수칙을 만들고, 대여 전 사용자에게 반드시 공지해야 한다.

사용 수칙에는 이용 시간 준수, 음식물 반입 금지, 퇴실 시 에어컨 및 조명 스위치 끄기 등 상식적인 내용이 들어가는 편이다. 하지만 여러 사람이 이용하면 기본적인 부분이 잘 지켜지지 않을 때가 많으므로 관리자가 자주 점검하여 쾌적한 환경을 만들어야 한다.

함께하면 더 효과적인 개인 레슨과 연습실 렌탈

경쟁 업체와 차별화를 주기 위해 연습실에서 개인 레슨을 진행하는 것도 좋은 방법이다. 특히 연습실 운영자가 연주자 출신이라면 부가적인 수입을 올릴 수 있다. 레슨을 받는 학생에게 연습실 사용료를 할인해 주는 것도 레슨생 모집에 효과적이다. 다만 개인 레슨의 규모가 커지면 교습소 등록을 해야 하고 지하에는 허가가 안 날 수도 있으니 사전에 지역 교육청에 문의하기 바란다.

깨끗한 연습실은 한 번 더 오게 된다

온라인을 통한 업체 비교가 쉬워지면서 이용자들은 되도록 좀 더 깨끗한 환경의 연습실을 찾는다. 연습실은 늘 깨끗하게 유지하고, 특별히 실내 온도와 습도를 자주 점검하는 것이 좋다. 연습실이 지하에 있다면 제습기를 설치하여 장소가 습해지는 것을 방지하도록 하자.

보통 연습실 온도는 21~25도, 습도는 43~55%가 적당하다. 온도와 습도를 자동으로 제어하는 제품이 있으니 혼자 연습실을 관리한다면 이런 제품을 이용하면 편리하다.

온라인 홍보는 필수이다

아무리 좋은 시설을 갖추고 가격 경쟁력이 있더라도 이용자들이 모르면 소용이 없다. 연습실 오픈 전부터 온라인을 이용하여 홍보하자. 블로그와 SNS를 병행하는 것을 추천하는 데 우선 블로그에는 연습실 사용에 관한 모든 것을 매뉴얼 식으로 올려놓는 게 좋다. 연습실 소개, 찾아오는 길, 내외부 사진, 요금 안내, 예약 안내, Q&A 등으로 카테고리를 나누고 관리하면 된다.

특히 지하철역이나 학교 등 공공시설에서 얼마나 가까운지, 교통은 편리한지, 대여비는 어느 정도인지, 시설은 깨끗한지와 같이 고객의 입장에서 궁금한 부분을 상세하게 알려주면 신뢰를 얻을 수 있다. 이렇게 연습실 관련 콘텐츠를 블로그에 정리한 다음 SNS에 글을 공유하여 많은 사람이 볼 수 있도록 한다. 인스타그램, 유튜브, 페이스북 등을 이용하면 좋다.

연습실 운영! 이것이 궁금해요?!

Q1. 학원이나 교습소는 지하에 안 된다고 들었는데, 지하 연습실에서 레슨을 병행해도 되나요?

연습실 운영과 개인 레슨을 병행한다면 지하는 피하는 것이 좋습니다. 지역에 따라 차이가 있지만, 대부분 교육 시설을 지하에 허가하지 않기 때문입니다. 레슨을 같이 하는 연습실을 하고 싶다면 지역 교육청에 먼저 문의해 보기 바랍니다.

Q2. 보컬 룸에 건반을 배치하려고 합니다. 어쿠스틱과 디지털 피아노 중 어떤 것이 좋을까요?

악기와 관련해서 정답은 없지만, 연습실에는 어쿠스틱보다 디지털 피아노를 추천합니다. 한 대의 피아노를 여러 사람이 사용할 경우 조율도 자주 해야 하고 꼼꼼한 관리가 필요한데, 연습실을 운영하면서 악기 관리까지 신경 쓰는 일이 쉽지 않습니다. 디지털 피아노는 조율이 필요하지 않고 최신 제품은 터치감도 좋기 때문에 이용자의 만족도 높을 겁니다.

Q3. PC방이었던 지하에 연습실을 차릴 계획입니다. 간단하게 인테리어만 손보려고 하는데 괜찮을까요?

연습실로 사용하려면 다시 시공하는 것이 좋습니다. 당연히 방음 공사를 해야 하고 시설물이 달라져서 소방 관련 시설도 변경될 수 있습니다. 방음과 소방 시설에 관한 사항을 먼저 확인한 후 인테리어를 진행하길 바랍니다.

32. 악기사(악기 수리사)

악기사(악기 수리사)는 상품 유통은 물론 악기 관리와 수리 업무까지 담당한다. 예전에는 오프라인 중심이었지만 최근에는 온라인과 병행하는 경우가 많다. 악기 브랜드별 특징을 잘 알아야 하고 기본적인 연주 실력도 있는 것이 좋다. 무엇보다 악기 판매가 주 사업이기 때문에 마케팅 능력이 필수이다.

♬ 나는 악기사 운영에 잘 어울리는 사람일까?

Check Point 마케팅, 유통 능력, 악기 브랜드, 성실함	매우 아니다	아니다	보통 이다	그렇다	매우 그렇다
기본적인 연주 능력이 있다.	○	○	○	○	○
악기 브랜드에 대한 전문적인 지식이 있다.	○	○	○	○	○
물건을 세심하게 다루는 편이다.	○	○	○	○	○
악기의 원리와 구조를 알고 있다.	○	○	○	○	○
협상을 좋아한다.	○	○	○	○	○
성격이 밝고 친절한 편이다.	○	○	○	○	○
마케팅 관련 서적을 자주 읽는다.	○	○	○	○	○
조리 있게 말할 수 있다.	○	○	○	○	○
온라인 유통 구조를 잘 알고 있다.	○	○	○	○	○

※ 본 설문은 관련 종사자들의 의견으로 작성된 참고용 자료입니다. 해당 직업에 대한 절대적 기준이 아니며, 다른 의견도 있음을 알려드립니다.

매우 그렇다(5점) / 그렇다(4점) / 보통이다(3점) / 아니다(2점) / 매우 아니다(1점)

40~45점 당신을 위한 직업이군요.
30~39점 해당 분야에 재능이 있습니다.
20~29점 해당 직업에 대한 진지한 고민이 필요합니다.
20점 이하 다른 분야를 먼저 살펴보세요.

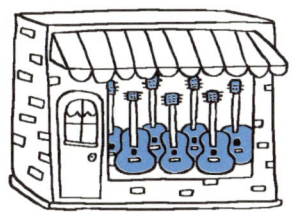

1. 장소와 종목을 결정하자.

악기사를 운영하는 일은 음악과 매우 밀접한 사업이다. 악기를 유통하고, 관리하고, 수리하는 일을 한다. 악기사 운영자는 뮤지션의 실력과 예산에 맞는 악기를 추천해 주고 좋은 소리를 낼 수 있도록 관리하는 일까지 신경 써야 한다. 악기 수리사 또한 악기에 대한 풍부한 지식으로 연주자와 디테일한 소통을 할 수 있는 능력이 필요하다.

낙원 상가만이 답이 아니다

악기점 하면 가장 먼저 종로에 있는 낙원 상가가 떠오른다. 낙원 상가는 전국에서 구매자가 찾아오는 곳이긴 하지만 상가 권리금도 있고 월세도 높은 편이다. 또한 경쟁 업체가 워낙 많기 때문에 악기 사업에 대한 내공 없이는 성공하기가 어렵다.

오히려 메인으로 판매할 악기에 따라 입지를 고려하는 것이 좋다. 바이올린이나 우쿨렐레 같은 악기를 취급한다면 초등학교나 유치원 가까이 위치한 곳도 좋다. 방과 후 수업으로 많이 사용하는 악기이기 때문에 꾸준한 수요가 있는 편이다. 음악 연습실이 밀집해 있는 곳도 사업 장소로 고려해 볼 만하다. 악기를 쓰다 보면 수리할 일이 생기고 소품은 가까운 곳에서 구입하기 때문에 예비 고객을 만날 기회가 많다.

악기 선택은 신중하게

악기사를 시작하기 위해서는 우선 판매할 악기 종목을 선택해야 한다. 워낙 고가인 악기가 많기 때문에 처음부터 종류가 다양하면 그만큼 초기 자본과 유지 관리 비용이 많아진다. 현악기 중심인지 건반 중심인지 아니면 타악기 중심인지 결정해야 한다. 가능한 경우

두 가지 이상의 제품을 메인으로 판매하는 것이 좋다.

악기 선택 시 고려해야 하는 것은 운영자가 그 악기에 대해서 잘 알고 있느냐이다. 악기사 운영자는 판매하는 악기에 대한 해박한 지식이 있어야 한다. 브랜드별 특징과 재질, 만들어지는 공정까지 알아 두는 것이 좋다. 악기점 대표가 판매하는 악기를 잘 모르거나 간단한 연주조차 할 수 없다면 고객의 입장에서 해당 악기점을 신뢰하기 어렵다.

악기를 정했다면 이제 어떤 브랜드를 취급할지 결정해야 한다. 해외 브랜드의 경우 수입사나 유통 회사와 계약을 하고 악기를 받는다. 가까운 거리에 같은 브랜드를 취급하는 악기사가 있으면 때로는 악기 수급 자체가 어려울 수 있으므로 사전에 꼭 확인하는 것이 좋다.

2. 관리와 수리도 중요하다.

악기 관리는 꼼꼼함과 꾸준함이 생명

악기사 운영에 있어 판매만큼 중요한 요소가 관리 능력이다. 좋고 비싼 악기를 들여와도 제대로 관리하지 못해 하자가 생긴다면 사업에 치명적일 수 있다. 악기는 특히 습도에 민감한데 일정한 습도를 유지하기 위해 가습기나 제습기를 이용해야 한다.

악기 관리는 생각하는 것보다 손이 많이 가는 일이다. 처음에는 기본적인 관리 방법을 알고 있는 제품군 위주로 사업을 시작하는 것이 좋다. 유지관리 비용 발생이 적고 같은 방법으로 악기 관리를 할 수 있어 효율적이기 때문이다. 악기를 공급받을 때 유통사로부터 관리 노하우를 교육받는 것도 필요하다.

악기 조율, 악기 수리, 업그레이드까지

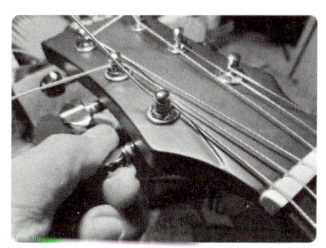

악기사를 운영하면 악기와 관련된 대부분의 업무를 진행하게 된다. 악기 수리를 의뢰받는다면 어떤 상황에서 수리를 맡기게 되었는지, 연주 습관은 어떤지 등 고객으로부터 상세한 정보를 얻어야 한다. 섬세한 악기의 경우 소리만 듣고 고장의 원인을 진단하기 어렵기 때문이다. 악기 조율은 악기 본래의 소리를 찾아주는 일이다. 악기 조율사라는 직업이 따로 있지만, 악기 수리사 역시 기본적인 조율을 할 수 있어야 한다. 주로 조율 장비를 사용하지만 숙련된 사람의 경우 청각으로 작업을 진행한다.

업그레이드는 간단하게는 일렉기타의 픽업을 바꾸거나, 성능 개선을 위해 기타 넥을 깎는 등의 업무를 말한다. 업그레이드를 진행할 때는 고객과 충분한 협의를 거치는 것이 중요하다. 특히 일렉기타의 경우 과감한 개조가 많아서 다양한 업그레이드 방법을 알고 있다면 고객 유치에 효과적이다.

악기사 운영! 이것이 궁금해요?!

Q1. 연주를 잘할 줄 모릅니다. 악기사 운영을 해도 될까요?

가능하긴 하지만 판매하는 악기의 연주 실력을 높이는 게 사업에 도움이 됩니다. 소비자에게 악기 소리를 들려주기 위해 판매자가 수준 높은 연주를 보여주는 경우가 많습니다. 노력해도 악기 연주가 늘지 않는다면 운영자는 유통과 마케팅에 집중하고 연주를 잘하는 판매 사원을 고용하는 것도 좋은 방법입니다.

Q2. 악기 수리사는 어떻게 준비할 수 있나요?

악기 수리사가 되기 위한 특별한 조건이 있는 것은 아니지만, 관련 학과를 졸업하면 조금 더 유리합니다. 악기 수리와 관련 있는 학과는 음향학과나 음향제작과 등이 있습니다. 관련 자격증을 따거나 전문학교에서 악기 수리 과정을 배울 수도 있습니다. 외국의 경우 단기 수리 과정, 현악기 제작 학교 등이 있기 때문에 자신의 꿈에 따라 유학을 가는 것도 추천합니다. 유명한 악기 회사나 수리점에 취업하여 경력을 쌓는 것도 좋습니다.

Q3. 오프라인 악기점은 온라인 최저가보다 비싼 경우가 많은데 이렇게 영업을 하는 건가요?

잘 운영되는 지역 악기점은 고객과의 신뢰를 바탕으로 사업을 합니다. 온라인 최저가보다 가격이 조금 높더라도 A/S가 확실하고 언제라도 악기를 점검받을 수 있다면 약간의 비용 차이는 큰 문제가 되지 않습니다.

이런 성향은 악기가 고가일수록, 관리가 자주 필요할수록 더욱 그렇습니다. 또한 학교나 공공기관에서 악기를 구매할 경우 해당 지역의 사업장과 계약하는 편입니다. 단체나 공공 구매 영업도 소홀히 해서는 안 되는 이유입니다.

**"악기에 대한 관심과 열정이 필요합니다.
끊임없이 악기를 배우고자 하는 마음이 있다면
누구나 악기 수리사가 될 수 있습니다."**

악기 수리사 인터뷰 | **박교진**

---

1. 악기 수리를 하게 된 계기가 있으신가요?

어릴 때부터 기타에 관심이 많아 어쿠스틱부터 일렉트릭, 베이스까지 두루 기타를 배웠습니다. 오랫동안 기타를 배우면서 기타라는 악기 자체에 빠져들었고 수리까지 공부하게 되었습니다. 악기 수리를 하는 사람들을 알게 되고, 기타에 대한 정보를 지속적으로 공유하면서, 악기 수리사라는 직업까지 갖게 되었습니다.

2. 악기 수리 과정은 어떻게 진행되나요?

수리는 악기의 상태를 파악하는 초기 진단부터 시작합니다. 이 작업이 매우 중요합니다. 진단에서 놓치는 부분이 없도록 연주 과정에서 발생한 현상이나 정보를 전달받아 진단합니다. 진단 작업이 끝나면 구체적인 수리 방법을 세우고 본격적인 수리를 진행하는데, 의뢰자의 연주 스타일에 따라 작업의 마무리가 달라질 수 있습니다. 악기 수리는 작업자의 숙련도가 제일 중요하고, 모든 과정이 복합적으로 잘 이뤄졌을 때 좋은 결과가 나옵니다.

3. 어떤 사람이 악기 수리사에 어울릴까요?

보편적으로 악기라는 매개체에 대한 이해와 지식이 풍부한 사람에게 어울립니다. 악기에 대한 관심과 열정이 필요합니다. 끊임없이 악기를 배우고자 하는 마음이 있다면 누구나 악기 수리사가 될 수 있습니다.

4. 악기 수리사가 되려면 어떤 준비를 해야 하나요? 공부할 수 있는 기관이 따로 있나요?

제조회사, 공방, 학교, 또는 전문기관에서 공부가 가능합니다. 악기 수리로 잘 알려진 미국, 일본 등에서 유학을 하는 경우도 있습니다.

어떤 길이 올바른 길이라고 말하기는 조심스럽습니다. 어디서 배웠다는 것이 실력을 증명해 주지는 않기 때문입니다. 수리를 할 것인지, 제작 관련 일을 할 것인지 정하고 시작해도 늦지 않을 겁니다.

5. 악기 수리를 하면서 힘들거나 보람된 일이 있다면 말씀해 주세요.

누군가의 신뢰를 얻는 과정이 이 일을 하면서 느끼는 어려운 점입니다. 다시 말해 전반적인 수리 과정을 모르는 사람을 상대로 결과를 이해시키고 설명하는 것은 상호 신뢰가 없는 상태에서는 쉽지 않은 일입니다. 반면에 수리사와 의뢰자의 신뢰가 잘 쌓이고 수리 결과에 고객이 만족했을 때 보람을 느낍니다.

6. 악기 수리사의 전망을 어떻게 보시나요?

어떤 일을 하든 전망을 생각하지 않을 수 없습니다. 저도 이 일을 처음 시작할 때 말리는 사람도 많았고, 저 또한 확신이 없었습니다. 하지만 저는 전망보다 내가 하고 싶은 일을 하겠다는 생각이 있었습니다. 잘되고, 안되고는 중요한 문제가 아니었습니다. 자신이 좋아하는 분야에서 보람을 느낀다면 어느 일이든 도전해 보면 좋겠습니다.

7. 악기 수리사가 되고 싶은 분들께 조언 한 마디 부탁드립니다.

저는 행복하려고 이 일을 선택했습니다. 여러분도 스스로 '나는 이 일을 할 때 행복한가?'를 먼저 질문해 보기 바랍니다. 만약 행복하다면 그 분야의 전문가가 되기 위해 최선의 노력을 해보기 바랍니다.

박교진 악기 수리사

서울과학기술대학교 공업디자인과 졸업
現 기타 센터 대표

09

다른 여러 가지 일

33. 음악 치료사

음악 치료사는 의뢰인과 함께 연주, 작곡, 감상 등 음악 활동을 하면서 심리적, 정서적 문제를 치료하는 일종의 정신 건강 치료사이다. 음악으로 마음의 안정을 찾아주고 건강 회복을 돕는다. 미국에서는 이미 좋은 직업으로 자리 잡았으며 나이에 상관없이 오래 일할 수 있는 장점이 있다. 음악뿐만 아니라 심리학이나 상담학을 공부해야 한다.

♬ 나는 음악 치료사에 잘 어울리는 사람일까?

Check Point 상담, 심리, 대화, 연주 능력	매우 아니다	아니다	보통 이다	그렇다	매우 그렇다
다른 사람의 이야기를 잘 듣고 공감하는 편이다.	○	○	○	○	○
정기적인 봉사 활동을 한다.	○	○	○	○	○
한 가지 이상의 악기를 연주할 수 있다.	○	○	○	○	○
말을 쉽게 옮기지 않고 비밀을 잘 지킨다.	○	○	○	○	○
새로운 분야를 배우는 것이 좋다.	○	○	○	○	○
심리학에 관심이 있다.	○	○	○	○	○
스트레스를 관리하는 나만의 방법이 있다.	○	○	○	○	○
신뢰를 주는 인상이다.	○	○	○	○	○
상황에 따라 적절한 음악을 선곡할 수 있다.	○	○	○	○	○

※ 본 설문은 관련 종사자들의 의견으로 작성된 참고용 자료입니다.
해당 직업에 대한 절대적 기준이 아니며, 다른 의견도 있음을 알려드립니다.

매우 그렇다(5점) / 그렇다(4점) / 보통이다(3점) / 아니다(2점) / 매우 아니다(1점)

40~45점 당신을 위한 직업이군요.
30~39점 해당 분야에 재능이 있습니다.
20~29점 해당 직업에 대한 진지한 고민이 필요합니다.
20점 이하 다른 분야를 먼저 살펴보세요.

1. 음악 치료사, 어떤 일을 할까?

 음악 치료는 미국에서 발달했다. 여러 가지 임상을 거쳐 지금은 환자 치료의 한 분야로 자리 잡은 상태이다. 실제 미국은 국내보다 음악 치료사가 아주 유망한 직종이고, 버클리 음악 대학에도 뮤직 테라피라는 전공이 있다. 아직 미국만큼은 아니지만 우리나라의 음악 치료도 점차 그 활동 영역을 확장하고 있다.

대상자에 따른 프로그램 선택

음악 치료의 대상은 다양하다. 병원 환자일 경우도 있고, 치매 어르신이나 사춘기 청소년일 수도 있다. 최근에는 일반 기업에서도 직원들의 스트레스 치료 방안으로 음악 치료를 하기도 한다. 음악 치료사는 대상자가 정해지면 상담이나 자료를 통해 알맞은 프로그램을 선정해야 한다. 대상자의 음악적 선호도를 파악하고 심리 상태에 맞춰 프로그램을 준비한다. 치매 어르신을 위한 음악 치료에서 최신 아이돌 음악을 사용한다면 분명 뭔가 어색할 것이다. 대상자의 취향에 맞지 않은 음악은 때론 소음처럼 들릴 수 있기 때문에 음악 치료사는 대상자의 상태와 처한 상황에 공감하는 능력이 필요하다.

음악 치료사는 음악을 도구로 심리적, 정신적 치료를 하는 직업이기 때문에 음악뿐만 아니라 심리학, 상담학 관련 지식과 경험도 뛰어나야 한다.

프로그램 운영

음악 치료 프로그램은 간단한 음악 감상부터, 대상자가 직접 참여하는 악기 연주나 노래 같은 능동적 활동도 있다. 기존 곡의 가사를 바꿔 자신의 이야기로 개사하면서 심리 상태를 확인하기도 한다. 일상생활과 친숙한 음악으로 하는 치료라서 대상자의 프로그램의 참여도가 높은 편이다. 프로그램을 통해 대상자가 자기 생각이나 감정을 표현하면 음악 치료사는 적절한 상담과 후속 활동으로 심리적 정신적, 상태를 회복시키는 일을 한다.

프로그램을 진행하는 과정에서 음악 치료사가 악기를 직접 연주해야 하는 상황이 자주 있으므로 음악 치료사는 피아노, 기타 같은 반주 악기를 잘 다룰 수 있어야 한다.

활동 범위

미국의 음악 치료사는 주로 병원에서 활동한다. 대체 의학으로 음악 치료가 활발하게 시행되기 때문이다. 우리나라도 병원에서 활동하는 음악 치료사가 있지만 병원이 아닌 언어 상담소, 심리 상담소, 청소년 수련관, 치매 노인 센터, 복지관 등의 기관에서 활동이 두드러지는 편이다.

2. 음악 치료사 진로 가이드

대학원 진학

음악 치료는 대학원 석사 과정을 중심으로 수업이 개설되어 있다. 실제 국내에서 활동하는 음악 치료사의 경우 석사 출신이 가장 많다. 2~3년 과정의 실용음악대학을 졸업했다면 편입이나 학점 은행제를 이용하여 학사 학위 취득 후 대학원 진학을 준비하는 것이 좋다.

대학원 입학은 대부분 필기와 실기 평가가 있는데, 필기는 음악심리학이나 음악치료학개론 등을 공부해야 하고, 실기는 기타나 피아노 연주를 보는 편이다.

실용음악을 전공했다면 필기시험을 중점적으로 준비하는 것이 좋다.

자격증 취득

국내의 음악 치료사 자격증은 아직 국가 공인 자격증이 아닌 민간 자격증 형태이다. 그중 가장 잘 알려진 자격증은 전국음악치료사협회에서 발급하는 자격증이다. 이 자격증을 취득하려면 음악 치료 관련 학사나 석사 졸업 이상의 학력이 필요하기 때문에 전문성을 인정받는 편이다.

물론 다른 기관의 자격증으로도 음악 치료사 활동을 할 수 있다. 다만 민간 자격증의 종류가 다양한 만큼, 자격증 취득 후 실제로 음악 치료사 활동을 하는 사람이 많은지, 자격증 발급 단체는 신뢰할 수 있는 곳인지 꼼꼼히 체크하는 것이 필요하다.

악기 다루기

음악 치료사는 프로그램 진행 도중 악기를 연주하는 경우가 많다. 보통 대상자와 함께 노래를 하므로 피아노나 기타 같은 반주 악기를 다룰 수 있어야 한다. 악보 그대로 연주하는 것이 아니라 대상자의 음정을 고려하여 조바꿈에도 능숙해야 안다.

음악 치료사! 이것이 궁금해요?!

Q1. 4년제 실용음악과를 나온 학생입니다. 음악 치료사가 되고 싶어 대학원에 진학하려고 합니다. 음악 치료사 과정이 있는 대학원을 알려주세요.

가천대학교, 고신대학교, 명지대학교, 성신여자대학교, 수원대학교, 숙명여자대학교, 이화여자대학교, 인제대학교, 전주대학교, 평택대학교, 한세대학교 등에 음악 치료사 석사 과정이 있습니다.

Q2. 음악 치료사 자격증을 따려고 합니다. 어떤 자격증을 취득하면 좋을까요? 여러 개를 취득하면 좀 더 유리한가요?

국내 음악 치료사는 아직 국가 공인 자격증이 없습니다. 따라서 자격증이 음악 치료사 활동을 보장하는 것은 아닙니다. 민간 자격증 종류로는 음악중재전문가, 임상 음악전문가, 음악심리치료사, 음악심리상담사, 음악심리지도사 등이 있습니다. 가장 공신력을 인정받는 자격증은 전국음악치료사협회에서 주관하는 음악중재전문가 자격증으로 음악치료 관련 학사나 석사 졸업자만 응시할 수 있습니다. 취득 자격증 개수가 많다고 더 유리하다고 볼 수 없습니다.

Q3. 음악 치료사는 어디에 취업할 수 있나요? 취업 정보는 어디서 볼 수 있죠?

병원, 보호소, 노인복지관, 특수학교, 재활원, 청소년 치료 센터, 실버타운, 요양 시설, 자치단체, 심리 상담소 등이 음악 치료사가 활동할 수 있는 곳입니다. 전국음악 치료사협회 구인 게시판에서 취업 정보를 확인할 수 있습니다.

34. 음악 유튜버

440만 구독자를 보유한 유튜버이자 가수로 활동하는 '라온(Raon)'의 콘서트가 대중의 큰 관심을 받았다. 음악 유튜버는 많은 구독자의 사랑을 받을 경우 다양한 분야로 활동을 넓힐 수 있다. 또한 상대적으로 언어의 장벽이 낮은 분야라 글로벌 유튜버로 성장할 가능성이 높다.

🎵 나는 음악 유튜버에 잘 어울리는 사람일까?

Check Point 소통, 선곡, 음악 실력, 편집 능력	매우 아니다	아니다	보통 이다	그렇다	매우 그렇다
아는 것을 함께 나누길 좋아한다.	○	○	○	○	○
나만의 플레이리스트를 만들어봤다.	○	○	○	○	○
사람들과 소통하는 것을 좋아한다.	○	○	○	○	○
대중에 얼굴이 노출되어도 괜찮다.	○	○	○	○	○
구독 중인 음악 유튜브 채널이 여러 개 있다.	○	○	○	○	○
노래나 악기 연주를 타인에게 보여주고 싶다.	○	○	○	○	○
자랑할 만한 노래, 연주 실력이 있다.	○	○	○	○	○
영상 편집을 할 수 있다.	○	○	○	○	○
한번 시작한 일은 끝까지 해낸다.	○	○	○	○	○

※ 본 설문은 관련 종사자들의 의견으로 작성된 참고용 자료입니다.
해당 직업에 대한 절대적 기준이 아니며, 다른 의견도 있음을 알려드립니다.
매우 그렇다(5점) / 그렇다(4점) / 보통이다(3점) / 아니다(2점) / 매우 아니다(1점)

40~45점 당신을 위한 직업이군요.
30~39점 해당 분야에 재능이 있습니다.
20~29점 해당 직업에 대한 진지한 고민이 필요합니다.
20점 이하 다른 분야를 먼저 살펴보세요.

1. 음악 유튜버는 어떤 콘텐츠를 만들까?

유튜브는 음악인에게 중요한 매체가 되었다. 유명 가수도 자신만의 채널을 운영하고 있고, 악기 연주나 커버 곡을 부르는 채널도 많다. 최근에는 글로벌 구독자에게 K-pop을 소개하는 정보성 채널도 인기가 높다. 음악 전공자가 콘텐츠를 만들기가 좀 더 유리하다.

커버 전문 채널

음악 유튜버 시장이 다채로워졌지만 여전히 상위에 있는 음악 유튜버는 대부분 커버 채널을 운영하는 사람이다. 뛰어난 노래 실력으로 K-pop은 물론 팝송, J-pop, 잘 알려지지 않은 노래까지 다양한 장르를 커버하면서 수많은 구독자를 보유하고 있다. 초창기 대부분의 커버 유튜버는 다른 가수의 노래를 커버하는 것으로 시작한다. 이후 구독자가 많아지고 인기가 높아지면 본인의 노래를 발매하거나 콘서트를 열기도 하고, 커버 곡의 주인공인 대중 가수와 콜라보를 선보이는 등 활동 영역을 넓혀간다. 노래는 언어의 장벽이 낮은 편이라 일정 수준의 구독자가 있는 커버 유튜버는 글로벌한 팬층과 함께 성장할 수 있다.

남들보다 뛰어난 노래 실력이 있다면 꼭 수익을 목적으로 하지 않더라도 본인의 채널을 운영해 보자. 콘텐츠 제작을 위해 꾸준히 노래하다 보면 어느새 실력이 한층 자라있는 것을 발견할 수 있다.

K-pop 전문 채널

K-pop 전문 채널은 글로벌 구독자를 타깃으로 K-pop을 소개한다. K-pop 관련 소식을 전하는 것은 기본이고, 한국어 가사를 번역해 의미를 알려주거나

멤버별 파트를 소개하기도 한다. 다만 아티스트의 영상이나 사진, 가사, 음악을 편집하여 콘텐츠를 만들 때는 저작권 이슈가 발생할 수 있다는 점에 주의해야 한다. 평소 K-pop 아티스트에 대한 관심이 많고, 여러 정보를 발 빠르게 수집하는데 능숙하거나 어느 정도 외국어 실력을 갖추고 있다면 충분히 도전해 볼 만한 채널이다.

연주 및 노래 코칭 채널

유튜브를 통해 악기나 보컬 실력을 선보이면서 다양한 코칭을 해주는 채널도 인기가 좋다. 주로 실용음악 전공생이나 현직 강사가 채널을 운영하며 본인의 음악적 노하우를 전달한다. 특정 악기의 강의를 찍어 공개하는 경우도 많다. 채널을 운영하면서 레슨생을 받기도 하고 관련 교재를 출간하는 일도 있다. 음악 전공이라면 한 번쯤 도전해 볼 수 있는 채널이다.

플레이리스트 전문 채널

특정 주제의 음악을 선곡해 플레이리스트로 만들어 제공하는 채널이다. 플리채널로 불리는데, 초반에는 '○○○ 가수 모음곡' 같이 아티스트의 노래를 모아둔 콘텐츠가 많았다. 하지만 최근에는 '여름, 찬란하고 시원한 첫사랑의 계절'처럼 자신만의 센스 있는 선곡 능력을 보여주는 유튜버가 많아졌다. 개봉을 앞둔 드라마나 영화에 어울리는 음악을 선곡하기도 하고, 공부할 때, 숙면을 취하고 싶을 때, 명상할 때 등 특정 상황에 맞춰 선곡하는 플레이리스트도 있다. 나만의 플레이리스트가 있고 선곡 센스가 있다면 도전해 보자.

2. 음악 유튜버 어떻게 준비해야 할까?

섣부른 시작은 빠른 포기를 만든다

누구나 유튜버가 되고 도전할 수 있다. 그렇기 때문에 쉽게 포기하는 직업이 바로 유튜버이기도 하다. 아마 이 책을 읽는 독자 중에서도 이미 유튜브를 시도했다가 생각보다 나오지 않는 조회 수와 소재 고갈로 포기한 사람이 있을 것이다. 〈유튜브 교과서〉라는 책을 보면 "우리가 학교 공부를 마치고, 대학을 졸업하고, 취업 준비를 끝내서 첫 직장을 다니기까지 얼마나 오랜 시간과 노력을 투자했는지 알면서, 유튜버라는 직업은 오랜 고민 없이 쉽게 성공할 수 있을 거라는 착각에 빠진다"라고 안타까워하는 부분이 있다. 섣부른 시작은 빠른 포기를 만들 수 있으니 주의하자.

철저한 사전 준비가 중요하다

유튜브를 본격적으로 시작하려면 먼저 내 음악 실력이 다른 사람의 주목을 끌만 한지, 편집 실력은 어떤지, 끊임없이 콘텐츠 소재를 찾아낼 수 있는 분야인지, 수익은 어떻게 낼 것이지, 하루에 몇 시간을 유튜브에 투자할지 등 구체적인 계획을 세워야 한다. 혼자서 채널을 기획하기 힘들다면 유튜브에 관련된 강의나 도서를 참고하는 것도 좋은 방법이다.

채널 벤치마킹하기

유튜브 채널을 전문적으로 운영하고 싶다면 이미 잘하고 있는 채널을 분석해보자. 어떤 주제로 콘텐츠를 만드는지, 음악적으로 어떤 면이 뛰어난지, 구독자와 소통은 어떻게 하는지, 광고 콘텐츠는 어떻게 만드는지 분석하자. 음악 채널뿐만 아니라 먹방, 뷰티, 게임 방송도 참고해야 한다. 그러다 보면 나의 장점과 단점을 좀 더 객관적으로 알 수 있고 좋은 아이디어가 생각나기도 한다.

협업과 아이디어 관리하기

유명인이 아니고서야 유튜브 채널을 만들고 관심을 받기까지는 꽤 오래 시간이 걸린다. 수많은 유튜버가 이 시간을 견디지 못하고 포기한다. 이럴 때 필요한 것이 바로 협업이다. 채널 운영을 혼자 고민하지 말고 주변 사람들에게 아이디어를 구하자. 다른 채널을 운영하는 친구가 있다면 함께 콘텐츠를 만들어 보자. 혼자 연주를 연습할 때보다 합주를 하면 시너지가 생기는 것을 유튜브에도 적용하는 것이다.

꾸준히 콘텐츠를 만들려면 아이디어 관리에도 신경 써야 한다. 아이디어 관리는 거창한 게 아니다 학생 때 정리한 노트를 다시 보거나 길에서 우연히 들은 음악, 친구의 노래방 최애곡 등 일상의 모든 것이 콘텐츠로 발전할 수 있다. 좋은 생각이 났다면 꼭 메모로 남기자.

음악 유튜버! 이것이 궁금해요?!

Q1. 노래 커버 채널, 플레이리스트 채널 등 대부분의 음악 채널은 광고 수익이 없다는데 맞나요?

반은 맞고 반은 틀립니다. 우선 모든 음악은 커버를 하든, 플레이리스트로 만들든 저작자의 허락 없이는 사용할 수 없습니다. 다만 유튜브 내에 저작권을 표기하면 사용할 수 있는데, 대신 콘텐츠에서 발생하는 광고 수익은 저작권자에게 돌아갑니다. 결과적으로 영상 광고 수익은 없다고 볼 수 있죠. 하지만 일부 곡의 경우 홍보를 위해 저작권자가 콘텐츠 제작자에게 수익이 돌아가게 설정하는 경우가 있습니다.

Q2. 유튜브는 이미 레드오션이라고 보는 시각도 많던데, 너무 늦은 걸까요?

초창기에 비해 현재는 정말 많은 유튜버가 활동하고, 유명인이 아닌 이상 비슷비슷한 콘텐츠로 쉽게 주목받기 어려운 것이 사실입니다. 하지만 유튜브를 단순히 수익보다는 본인의 음악을 공개하고, 대중과 소통하고, 실력을 쌓아가는 채널로 생각한다면 또 다른 기회가 열릴 수 있습니다. 특히 음악을 하고 싶은 분이라면 자신의 음악을 들어주는 사람을 많이 만나는 것은 정말 귀한 경험이 됩니다.

Q3. 학생이라 장비 세팅 비용이 부담되는데, 돈이 많이 필요할까요?

어떤 채널을 기획하느냐에 따라 장비 비용은 천차만별입니다. 악기 연주나 노래 커버 채널을 만들고 싶다면 기본적으로 카메라, 마이크, 편집 프로그램이 필수입니다. 카메라는 스마트폰으로, 마이크는 가성비 좋은 초보자용 마이크로 시작해도 괜찮습니다. 편집 프로그램도 무료로 사용하는 혹은 매달 적은 비용으로 구독할 수 있는 형태도 있습니다. 물론 '장비 빨'이라는 말이 있지만 너무 장비에 연연하지 않고 시작해 보길 추천합니다.

"본인의 오리지널리티가
담긴 콘텐츠를 만들어야 합니다"

음악 유튜버 인터뷰 | **오땡큐**

1. 유튜브를 시작하신 계기가 있으신가요?

처음에는 뮤지컬 음악 감독으로 데뷔했었습니다. 꿈에 그리던 '입봉'이었는데 현실은 이상과 아주 다르더라고요. 제가 만들고 싶은 음악이 아닌 클라이언트가 원하는 음악을 만들어야 했습니다. 어쩌면 당연한 건데 당시에는 몸과 마음이 많이 지쳤었어요. 그렇게 여러 해를 보내던 어느 날 우연히 TV에 나오는 대도서관을 통해 유튜브를 알게 되었습니다. '아! 이거라면 내가 하고 싶은 음악을 대중에게 직접 들려줄 수 있겠다'라는 생각이 들더라고요. 그렇게 유튜브를 시작하게 되었습니다.

2. 음악 유튜버가 되기 위해 무엇을 준비하셨나요?

유튜브 영상을 정말 많이 찾아봤습니다. 당시에 음악 유튜버라고 하면 커버나 화성학, DAW 강의가 전부였거든요. 그래서 저만의 콘텐츠를 만들기 위해 뷰티, 여행, 먹방, 게임, 브이로그 등 가리지 않고 보면서 많은 부분을 참고했습니다. 덕분에 '재창조'라는 새로운 콘텐츠가 탄생할 수 있었던 거 같아요.

3. 유튜브로 새롭게 얻은 기회가 있나요?

작곡가는 원래 무대 뒤에 있는 직업이잖아요. 하지만 유튜브를 시작하고 나서는 이제 무대 앞에 서게 되었죠. 유튜브 팬페스트, 야구장, 축구장 등 여러 무대에서 공연했는데 할 때마다 정말 신나고 즐겁습니다.

제일 기억에 남는 건 팬미팅이에요. 만약 제가 유튜브를 하지 않았다면 누가 30대 작곡가 아저씨를 만나러 그 멀리서 와주겠어요. 전부 유튜브가 있었기에 가능했던 소중한 경험이라고 생각합니다.

4. 유튜버로 가장 힘든 점은 무엇인가요?

첫 번째는 불안정한 수입이에요. 특히 저는 콘텐츠 특성상 시청자 범위가 한정되어 있는 데다가, 영상을 빨리 만들어서 올릴 수 없다 보니 더욱 그렇고요. 이 외에 저작권 문제도 있다 보니 음악 유튜버들은 유튜브 자체 수익에 기대기는 힘든

게 현실 같아요.

두 번째는 아이디어입니다. 트렌드는 시시각각 변하고 재미있는 콘텐츠들은 매일같이 쏟아지는데 그 안에서 나의 색깔을 잃지 않고 콘텐츠를 만드는 게 힘이 듭니다.

5. 유튜버라는 직업의 매력은 무엇일까요?

좋아하는 일을 업으로 삼을 수 있다는 것 아닐까요? 제가 유튜브를 선택한 가장 큰 이유이기도 하고요. 하지만 취미가 일이 되는 게 마냥 즐겁지만은 않다는 것도 아실 거예요. 많은 분이 여행 유튜버를 보면서 '와, 여행도 하고 돈도 버네'라고 생각하지만, 막상 해보면 절대 그렇지 않거든요. 그건 정말 '일'이에요. 그럼에도 내가 하고 싶은 일을 하면서 돈을 버는 건 큰 매력이라고 생각합니다.

그리고 세상에 핸드폰 한 대와 노트북 한 대로 시작할 수 있는 사업이 몇 개나 있겠어요. 많은 사람이 이제 유튜브는 레드오션이라고 말하지만 저는 이제서야 시장성이 입증된 거라고 생각해요. 제가 유튜브를 시작할 때는 지금처럼 누구나 유튜브를 볼 때도 아니었고, 직업으로 인정받던 시기도 아니라 고충이 많았거든요. 겁먹지 마시고 멋진 아이디어가 있다면 언제든지 도전하면 좋겠습니다.

6. 유튜브를 준비하거나 꿈꾸는 학생들에게 조언 한마디 부탁드립니다.

이런 질문을 받으면 저는 항상 같은 이야기를 하는데요. 바로 꾸준함이에요. 식상하고 뻔한 이야기지만 지키는 사람을 거의 본 적이 없어요. 영상 서너 개 올리다가 반응이 없으면 대부분 그만두거든요. 그래서 내가 좋아하고 재미있게 꾸준히 할 수 있는 게 뭘까 충분히 고민하고 시작하면 좋겠습니다.

특히 처음에는 자극적인 콘텐츠의 유혹에 흔들릴 수 있어요. 멀리 길게 보고 본인의 오리지널리티가 담긴 좋은 콘텐츠를 꾸준히 만들어가면 좋겠습니다. 응원합니다!

오땡큐 19만 유튜버, 작곡가

OTHANKQ(오땡큐) 채널 운영

35. 찬양 인도자

찬양 인도자는 교회나 집회 장소에서 찬양을 이끄는 사람을 말한다. 회중과 함께 부를 찬양을 선곡하고 예배를 인도한다. 보컬, 세션, 스태프로 구성된 찬양 팀의 리더 역할을 하는 경우가 많다. 음악적 수준과 신앙심의 균형이 필요하고, 설교자와 긴밀한 관계도 유지해야 한다.

♫ 나는 찬양 인도자에 잘 어울리는 사람일까?

Check Point 멘트 능력, 사명감, 리더십, 편곡 능력	매우 아니다	아니다	보통 이다	그렇다	매우 그렇다
사람들 앞에서 노래하는 일에 거부감이 없다.	○	○	○	○	○
성경을 묵상하고 자신의 언어로 표현할 수 있다.	○	○	○	○	○
같은 곡을 다양한 장르로 편곡할 수 있다.	○	○	○	○	○
세대를 아우르는 음악적 분위기를 잘 알고 있다.	○	○	○	○	○
리더의 자리에서 팀 운영을 해본 경험이 있다.	○	○	○	○	○
솔선수범하는 스타일이다.	○	○	○	○	○
합주와 앙상블에 대한 이해가 높다.	○	○	○	○	○
커뮤니케이션이 뛰어나고 갈등 조정을 잘한다.	○	○	○	○	○
음악 스태프의 역할과 업무 범위를 잘 알고 있다.	○	○	○	○	○

※ 본 설문은 관련 종사자들의 의견으로 작성된 참고용 자료입니다.
해당 직업에 대한 절대적 기준이 아니며, 다른 의견도 있음을 알려드립니다.

매우 그렇다(5점) / 그렇다(4점) / 보통이다(3점) / 아니다(2점) / 매우 아니다(1점)

40~45점 당신을 위한 직업이군요.
30~39점 해당 분야에 재능이 있습니다.
20~29점 해당 직업에 대한 진지한 고민이 필요합니다.
20점이하 다른 분야를 먼저 살펴보세요.

1. 찬양 인도자, 이런 일을 한다.

찬양 인도자는 영성, 음악성, 리더십을 함께 갖추어야 하는 자리이다. 무대에서 빛나는 모습만 보고 시작하는 경우가 있지만 그 마음으로 오래 지속할 수 없는 자리이기도 하다. 회중(예배에 모인 사람들)의 마음을 열어주는 역할을 하는 찬양은 현대 예배에서 그 중요성이 커지고 있고, 그렇기에 전문성을 갖춘 찬양 인도자의 역할도 중요해지고 있다.

찬양의 시작은 선곡부터

찬양 인도자는 예배 전 회중과 함께 나눌 찬양을 선곡해야 한다. 예배 분위기(시간, 절기, 회중의 연령)를 고려해 곡을 고르는 노력이 필요하다. 새벽 시간에 찬양 인도를 한다면 고음이 없는 노래를 고르는 것이 좋고, 교회 절기에 관한 노래도 많이 알고 있어야 한다. 무엇보다 회중의 연령을 고려해야 하는데 50대 이상이 많다면 찬송가를 한 곡 이상 넣어 주는 것이 좋다.

선곡할 때는 찬양 시간의 전체적인 흐름도 생각해야 한다. 모든 곡이 빠르거나 느린 것은 좋지 않고 긴장과 이완을 적절히 고려하여 곡을 배치해야 한다. 만약 설교자가 그날에 특별히 나누고자 하는 메시지가 있다면 해당 설교와 어울리는 찬양을 선곡하는 것도 좋은 방법이다.

팀 연습 리딩

찬양 인도자는 팀의 리더인 경우가 많다. 그래서 주도적으로 연습을 이끌어야 한다. 일반적으로 찬양팀은 건반과 기타, 드럼, 베이스가 갖춰진 밴드 형태가 많은데 이런 경우 특히 악기 앙상블에 신경을 써야 한다. 때문에 찬양 인도자는 각 악기를 잘 듣고 조율할 수 있는 음악적 소양이 필요하다. 특별히 예배 공간의 크기에 따라 드럼과 일렉기타 소리가 너무 크지 않도록 조절해야 하는 경우가 많다.

대형 교회의 경우 엔지니어가 따로 있지만 그렇지 않은 곳도 많기 때문에 인도자는 기본적인 음향 지식도 알고 있어야 한다. 음향 시스템은 찬양을 회중에게 전달하는 장비이기 때문에 섬세하게, 최적화된 소리를 만들도록 조정한다. 예배 중 하울링이 나거나 노이즈가 생기면 회중의 집중이 급격하게 떨어지므로 연습 시간에 음향도 꼼꼼히 챙기도록 하자.

함께 찬양하기

찬양 인도자는 회중과 밴드를 이끌어야 하기 때문에 무대 리더십이 필요하다. 콘서트가 아닌 회중과 함께하는 시간이므로 호흡 조절과 시선 처리도 잘해야 한다.

만약 처음 불러보는 노래가 있다면 충분히 익힐 시간을 갖고, 곡 중간에 간주나 멘트를 더해 회중이 노래에 익숙해지도록 배려해야 한다. 찬양 인도자는 회중의 분위기를 읽고 유동적으로 곡을 운영하면서도 찬양 진행을 매끄럽고 분명하게 하는 것을 잊어서는 안 된다. 통기타를 치며 찬양을 인도하는 것이 일반적이어서 찬양 인도자가 되려면 기타 연습을 수순히 하는 것이 좋다.

2. 준비된 찬양 인도자가 되려면?

찬양 묵상하기

찬양 인도자는 곡에 대한 깊은 이해가 필요하다. 이것은 음악적인 이해뿐만 아니라 가사의 의미를 묵상하는 것도 포함한다. 찬양 가사는 주로 성경을 토대로 만들어지거나, 말씀을 해석하여 작성하므로 찬양과 관련된 성경 말씀을 찾아보는 것이 묵상에 많은 도움이 된다. 찬양 인도자는 음악만 잘하면 된다고 생각하는 사람이 가끔 있는데 찬양 인도자야말로 이런 지속적인 묵상 과정을 거쳐야 진실된 찬양을 할 수 있다는 사실을 기억하자.

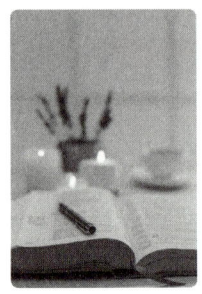

음악 공부는 꾸준하게

찬양 인도자는 화성학 지식과 연주 능력을 갖추고 있어야 한다. 찬송가처럼 젊은 세대에게 익숙하지 않은 노래는 리하모니를 통해 분위기를 바꿔주고, 부르기 어려운 곡은 조바꿈으로 쉽게 부를 수 있도록 도와주는 것도 찬양 인도자의 몫이다. 연주 실력이 좋다면 팀원들의 음악적 신뢰를 얻을 수 있어서 리더십을 발휘하기도 용이하다.

찬양 인도자! 이것이 궁금해요?!

Q1. 찬양 인도를 전문적으로 공부하고 싶습니다. 어디에서 교육을 받을 수 있을까요?

최근 들어 신학 대학교를 중심으로 예배 인도자 과정이 개설되고 있습니다. 백석예대 기독교실용음악과, 서울장신대 교회음악과 등에 찬양 인도 전공이 있습니다. 찬양 인도자를 꿈꾸거나, 보다 실력을 쌓고 싶다면 이런 전공을 추천합니다. 학교에 다닐 여건이 되지 않는다면 정기적으로 열리는 찬양 사역 단체의 예배 인도자 학교나 관련 콘퍼런스에 참석하는 것도 도움이 됩니다.

Q2. 교회에서 찬양 인도를 하고 있습니다. 회중에 비해 나이가 너무 어려서 찬양 인도가 어렵습니다. 어떻게 하면 좋을까요?

인도자가 나이가 어리면 부담되는 것이 당연합니다. 하지만 그만큼 겸손하게 준비한다면 나이는 크게 문제 되지 않습니다. 억지스러운 멘트보다 순수하게 찬양을 인도하면서 회중을 배려하길 바랍니다. 너무 젊은 세대의 찬양만 선곡하지 말고 찬송가를 편곡하여 준비하기를 추천합니다.

Q3. 찬양 인도자 구인 정보는 어디서 알아볼 수 있나요?

기독교 관련 커뮤니티에서 구인 정보를 확인할 수 있습니다. 보통 해가 바뀌기 전인 11~12월에 구인 글이 많이 올라옵니다. 신학 대학교의 구인 게시판에도 찬양 인도자를 모집하는 공고가 자주 게시됩니다.

나가며

계속해서 공부합시다

계속해서 공부하라는 말은 어쩌면 매일 공부하고 연습하는 학생들에게 부담스러운 소리일 수 있습니다. 하지만 프로 음악인들은 계속 공부하고, 매일 연습합니다. 공부는 학교에서만 하는 것이 아닙니다. 작곡가는 새로운 장르에 도전하고 엔지니어는 최신 기술을 분석합니다. 기획자는 매일 해외 음악 차트를 살핍니다. 연주자, 음악 감독, 가수, 모두들 그렇습니다. 음악 직업인이 계속 공부해야 하는 다른 이유는 자신의 전문 분야가 아닌 영역도 잘 알아야 하기 때문입니다. 편곡가는 악기의 주법이나 음색을 이해해야 연주자와 함께 더 좋은 작품을 만들 수 있습니다. 세션들도 미디를 다루고 레코딩 기술을 배워 최적의 사운드를 찾아갑니다. 음악으로 하는 일이 다 이렇습니다. 계속 연습하고, 계속 공부하고, 계속 도전하는 일들의 연속이죠. 그렇다고 미리 겁먹지 않기를 바랍니다. 음악을 사랑한다면 매일의 공부가 매일의 즐거움이 되는 경험을 당신은 이미 해봤기 때문입니다.

비즈니스는 부끄러운 일이 아닙니다

학교에서 강의할 때마다 학생들에게 늘 하는 당부가 있습니다. 음악 실력도 중요하지만 비즈니스 능력을 키우라는 것입니다. 음악에 열정이 넘치는 어린 친구들은 음악에 '돈'이라는 개념이 들어가면 색안경을 끼고 보는 경향이 있는데, 비즈니스 감각이 부족하면 직업으로 음악을 계속하기가 어렵습니다. 학생 시절 비즈니스 능력을 키우기 위해 시작할 수 있는 일들은 사실 거창한 것이 아닙니다. 먼저 자신의 작품을 완성도 있게 마무리할 수 있어야 합니다. 학생들의 경우 창의적이고 새로운 시도는 잘하지만, 프로젝트를 마무리하는 매듭을 짓지 못할 때가 많습니다. 무언가 완벽하게 끝을 내지 못한 채 계속해서 다른 시작을 만드는 것이죠. 아무리 훌륭한 아이디어나 작품이라도 완성되지 않으면 누구에게 소개하거나 판매할 수 없습니다. 어떤 일이든지 시작했다면 반드시 마무리하는 습관을 들이기 바랍니다.

또한 음악을 통해 만나는 인연을 소중하게 생각해야 합니다. 막연한 미래를 기대하며 지금 내 옆에 있는 사람을 소홀히 대해서는 안 됩니다. 결국 음악 비즈니스는 사람들이 만들어 갑니다. 옆에 있는 친구가 나에게 곡을 줄 수 있는 작곡가이고 지금 나를 가르쳐 주시는 교수님이 길을 열어주는 선배입니다. 대학에 다니다 보면 여러 분야의 전문가에게 특강을 들을 기회가 있는데, 이때마다 나중을 기약하지 말고 적극적인 질문과 관심으로 관계를 맺어 가는 것이 좋습니다. 음악을 하다 보면 어디선가 만나게 되고 직접적인 도움을 받을 수 있습니다. 물론 이 모든 관계는 상대방을 향한 진실한 마음과 존중의 태도가 있을 때 가능합니다.

음악을 할 수 있음에 감사합시다

음악을 하다 보면 '너는 좋겠다. 그냥 좋아하는 음악 하면서 돈도 벌잖아'라는 말을 듣기도 합니다. 하지만 그들은 모릅니다. 밤낮없이 연습하고, 클라이언트의 재촉을 받고, 완성한 작업을 처음부터 다시 하고, 학부모의 눈치를 봐야 하는 일들을요.

그럼에도 불구하고 감사한 점은 대부분의 사람은 음악을 사랑해서 이 일을 계속한다는 사실입니다. 마지못해서, 다른 할 일이 없어서 하는 게 아니라 정말 음악이 좋아서 하는 것이죠. 사실 십 년을 넘게 세상을 다니면서도 본인이 무엇을 좋아하는지 모르는 채 일하는 사람도 많습니다. 하지만 우리는 좋아하는 것을 선택했고, 그것만으로도 감사하며 행복하게 살아갈 이유는 충분합니다. 어떤 직업이라도 그만의 고충이 있습니다. 때론 상황이 힘들어서 잠시 쉬어가더라도 음악을 놓아버리는 일은 없었으면 하는 마음입니다.

이 책을 읽은 독자들이 자신의 진로를 탐색하고 다양한 음악 직업을 고민해 보는 시간이었기를 바랍니다. 우리는 음악으로 먹고사는 즐거움을 누릴 충분한 자격이 있습니다. 끝까지 읽어 주셔서 감사합니다.

음악으로 먹고살기

개정판 발행 2024년 2월 5일

지은이 박성배
기 획 양세진
편 집 정보옥, 전혜진
디자인 JK Design
일러스트 임정남

주소 경기도 성남시 분당구 장미로 42, 야탑리더스빌딩 716호
전화 070-8670-4340
팩스 0504-848-4340
등록 2008년 4월 21일, 제2008-000017호
홈페이지 www.1458music.com
블로그 blog.naver.com/1458music
유튜브 www.youtube.com/c/458music
이메일 1458music@naver.com
인쇄 예림인쇄

Sing, Play & Love
1458music은 램프앤라이트의 음악분야 임프린트입니다.

ISBN 979-11-89598-34-1